本书教你学习前辈和知名人士的经验，
告诉你穿越人生丛林可能遇到的致命陷阱，
以及最有效的规避和解除方法，
从而成功规避陷阱，走向成功人生。

中易
汇海

人生必须规避的陷阱

李松仁◎编著

吉林出版集团股份有限公司

图书在版编目（CIP）数据

人生必须规避的陷阱 / 李松仁编著.—长春 :吉林出版集团股份有限公司, 2018.7

ISBN 978-7-5581-5558-1

Ⅰ. ①人… Ⅱ. ①李… Ⅲ. ①成功心理—通俗读物 Ⅳ. ①B848.4-49

中国版本图书馆CIP数据核字(2018)第155707号

人生必须规避的陷阱

编　　著	李松仁
总 策 划	马泳水
责任编辑	齐　琳　史俊南
封面设计	中易汇海
开　　本	880mm × 1230mm　1/32
字　　数	200千
印　　张	9
版　　次	2019年10月第1版
印　　次	2019年10月第1次印刷
出　　版	吉林出版集团股份有限公司
电　　话	（总编办）010-63109269 （发行部）010-67482953
印　　刷	北京欣睿虹彩印刷有限公司

ISBN 978-7-5581-5558-1　　　　定　价：42.00元

版权所有　侵权必究

前言

陷阱，是为了困住别人而挖的坑，同时，陷阱也被比喻为害人所设的圈套。因此，陷阱是经过人精心安排伪装出来的，是常人无法察觉出来的。

人生的陷阱是存在的，它伴随着我们人生的全过程，处于生活中的我们，会面临着很多的陷阱，有时候也难免会陷入其中。当然，人生中的陷阱，很多时候，它可能不会一下子伤及你的性命，但是它会制约你的发展，让你陷入一片混沌中难以自醒，让你离自己想要达到的成功越来越远。因此，步入陷阱中并不可怕，可怕的是难以自知，无法做出正确的判断和突破，最终沦为命运的奴隶。

人人都会犯错，哪怕是最为睿智的领导者，都不免做出过错误的决策，甚至于带来灾难性的后果。有些人智慧超群，但面对惨败，还会心有不甘坚信自己当初的决策是正确的。

随着时代的发展，越来越多的人用一些智慧的手段来解决工作中的人际关系、工作技巧等各种问题。但是，随着人生竞争日

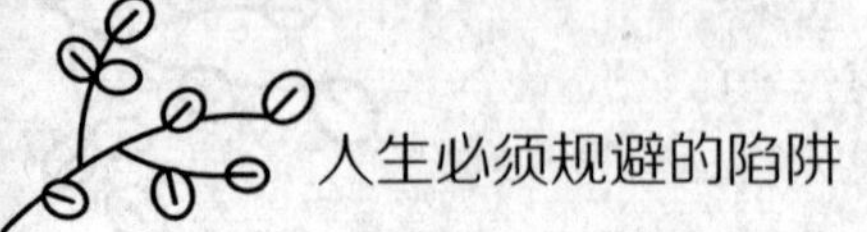

益激烈，不管是社会也好，职场也好，一些人在利益、人际关系、能力、工作成果各个因素交织在一起的时候，表面看似风平浪静，暗中却波涛汹涌。这也需要我们对社会、职场上的潜规则不可不知，对这些陷阱不得不防。

温水煮青蛙的故事，大家可能都听说过：如果把青蛙放到热水中，它一定会马上跳出来，但如果把青蛙放到冷水中，然后非常缓慢地加温，青蛙却不会跳出来，直到将温度加热到将青蛙烫死的程度，它就永远也没有跳出来的机会了。

人又何尝不是如此呢？我们总是习惯享受生活的舒适，却不知道舒适其实也是生活中的一种圈套。舒适的环境可以慢慢磨灭人的意念和斗志，直到当你面临重大挑战时，已没有能力去把握。

试问人生的圈套套住了谁？我们会发现，套住的往往是那些对人生圈套缺乏认识以及根本就不懂得如何规避陷阱的人。他们就像那只慢慢习惯温水的青蛙一样，被圈套牢牢套住而无法自知。因此，认识上的觉醒胜过规避和解除圈套的方法。

在每个人追求成功的过程中，诸如此类的圈套多如牛毛，如果你不懂得如何规避和解除它们，你就永远无法抵达成功的彼岸，永远无法得到你想要的结果。但如果你想规避和解除这些陷阱，其方法就需要你变得游刃有余，那些一个个被你解除的陷阱也会成为你成功道路上的助推器。

本书会给你一个明确的跨越方法。从现在开始，好好检视一下你的人生，看看自己被多少圈套套住了，勇敢摆脱它们，做一个学会跨越人生障碍和生存智慧的人。

目录

目录 / 人生必须规避的陷阱 /

目录

陷阱九：避免好心做坏事的尴尬局面

陷阱十：面对失败不要自怨自艾

陷阱十一：正确理解为难你的人

陷阱十二：不要陷入无法自拔的挫折之中

目录 / 人生必须规避的陷阱 /

目录

目录 / 人生必须规避的陷阱 /

陷阱二十一：多才多艺很难做精一件事

陷阱二十二：明智的放弃能使人轻装上阵

陷阱二十三：“千里马”不要等“伯乐”发现你

陷阱二十四：靠自己努力，不要期待别人能帮你

目录

目录

陷阱一：自我设限像给自己上了一把枷锁

科学家取了一组跳蚤放入一个透明玻璃瓶中，然后盖上透明瓶盖。跳蚤生来就是要跳的，所以它们在瓶子里不停地向上跳，在一次一次地碰到瓶盖后，跳蚤聪明地调整了自己跳的高度——刚好接近瓶盖，但是不碰到瓶盖。这样过了几天后，科学家拿走了瓶盖，然而跳蚤并不知道瓶盖已经不在了，还是自顾自地跳着，却没有一只跳过原来的高度，从而跳出玻璃瓶。后来科学家用火在瓶底加热，结果所有的跳蚤都在第一时间跳了出来。

这就是科学上讲的"自我设限"。原本可以做得更好的一件事，由于自我的设限，也许就会永远做不成。所以，有人说自己是天堂，也是地狱，关键就看你对自己怎样看待。

自我设限就像给自己上了一把枷锁，仿佛一个活在井里的人，四周都是阻挡的墙壁，无法前进，只能坐井观天。所以，阻挡你成功的往往不是别人，而是你自己。

是谁限制了你的发展

"今天晚上，当乔治先生（公司的董事长）站起来致辞时，你可能无法想象我当时多么悲伤。乔治先生和我一起进入公司，但是他很上进，节节攀升，我却不然。我在公司领到的薪水最高不过 7250 美元，而乔治先生的薪水却是我的 10 倍，还不包括种种红利以及其他福利在内。每当我想起这件事，我总是认为乔治先生并没有比我聪明多少，他只是不怕吃苦，经得起磨炼，能完全投入工作，而我没有做到这一点。

“对我而言，公司内外有很多晋升的机会，例如我在公司待了五年后，有一次公司要我到南方去掌管分公司，但是我自己因为感到无能为力而拒绝了，每当这种绝好的机会到来时，我总是找一些借口来推托。现在我退休了，一切都已经过去了，我什么也没有得到，真是往事不堪回首啊。”

这是哈利先生的肺腑之言，在他的一生中，他一直游移不定，没有任何实际目标可言。他惧怕真正地面对生活，害怕挺身而出，害怕承担责任，连他自己都觉得自己活着只是虚度年华。而与他同时进入公司的乔治先生却已经由于努力工作而成为董事长。

同样的人，相近的资历，怎么会产生这么大的差距？原因就在于哈利先生不思进取，消极地面对生活。他的自我限制使他一生都陷于庸碌之中，和乔治先生相比，无异于一个天堂，一个地狱。

阿诺德和布鲁诺同时受雇于一家店铺，拿着同样的薪水。可是一段时间后，阿诺德青云直上，而布鲁诺却仍在原地踏步。

布鲁诺很不满意老板的不公正待遇。终于有一天，他到老板那儿发牢骚了。老板一边耐心地听着他的抱怨，一边在心里盘算着怎样向他解释清楚他和阿诺德之间的差距。

“布鲁诺，”老板说话了，“您去集市一趟，看看今天早上有什么卖的东西。”

布鲁诺从集市上回来向老板汇报说：“今早集市上只有一个农民拉了一车土豆在卖。”

“有多少？”老板问。

布鲁诺赶快戴上帽子又跑到集市上，然后回来告诉老板说一共有 40 袋土豆。

“价格多少？”

布鲁诺第三次跑到集市上问来了价格。

“好吧。”老板对他说：“现在你坐在椅子上别说话，看看别人怎么说。”

然后老板把阿诺德叫来，同样让他到集市上看一看。

阿诺德很快就从集市上回来了，他向老板汇报说：“到现在为止只有一个农民在卖土豆，一共 40 袋，每公斤两角钱，土豆质量不错，我带回来一个让您看看。这个农民一个钟头以后还会运来几箱西红柿，据我看价格非常公道。昨天咱们铺子的西红柿卖得很快，库存已经不多了。我想这么便宜的西红柿老板肯定会要进一些的，所以我不仅带回一个西红柿做样品，而且把那个农民也带来了，他现在正在外面等回话呢。”

此时老板转向布鲁诺说：“现在你知道为什么阿诺德的薪水比你高了吧！”

因为态度的不同，同样的工作会干出不一样的效果，而干同样工作的人，也会有不同的体验和收获。由于自我限制，布鲁诺失去的不仅仅是老板的器重，更重要的是他对自我的限制耽搁了宝贵的时间和商机，而且不论他做什么事情，都会因此受到限制。

搬掉心中的顽石

从前有一户人家的菜园里摆着一块大石头，宽度大约有 40 厘米，高度大约有 10 厘米。到菜园的人，不小心就会踢到那块石头，不是跌倒就是擦伤。

儿子问："爸爸，那块讨厌的石头，为什么不把它挖走？"

爸爸回答："你说那块石头呀？从你爷爷小时候，它就一直放在那儿了，它的体积那么大，不知道要挖到什么时候。再说费事挖石头，还不如走路小心一点，还可以训练你的反应能力。"

过了些年，这块大石头留到下一代，当年的儿子娶了儿媳妇也有了儿子。

有一天儿媳妇气愤地说："爸爸，菜园那块大石头，我越看越不顺眼，改天请人搬走好了。"

爸爸回答说："算了吧！那块大石头很重的，可以搬走的话在我小时候就搬走了，哪会让它留到现在啊？"

儿媳妇心里很不是滋味，那块大石头不知道让她跌倒多少次了。

于是，有一天早上，儿媳妇带着锄头和一桶水，将整桶水倒在大石头的四周。

十几分钟以后，儿媳妇用锄头把大石头四周的泥土搅松。

儿媳妇早做好了心理准备，打算用一天时间挖完，没想到几分钟就把石头挖起来了，看看大小，这块石头远没有想象的那么大，人们都被它巨大的外表蒙骗了。

原来，阻碍我们去发现、去创造的，仅仅是我们心理上的障碍和思想中的顽石，是我们不善于、不敢于突破，是自己对自己思想和行为的限制。要超越自我的这个低水平，就必须搬掉心中的这块顽石，从心理上打破自我设限，重新审视自己，正确地评估自己的能力和实力，然后你会发现，其实，你能做得远远比现在更好！

不要让自己和别人之间围一座高墙

自己对待自己的态度可以限制一个人的发展，而一个人出于自身的偏见或者性格上的缺陷，会影响到他对别人的态度，这同样会限制一个人的发展，同样会将自己置于地狱般的处境。

有一个坏河蚌的故事可以说明这个道理。

有一个小孩喜欢帮母亲检查买回来的河蚌有没有坏的。检查的方法就是用左手先拿住一个河蚌，再用右手捡起来其他的河蚌，一个一个地敲敲看，如果河蚌发出的声音是结实的，就是新鲜的河蚌，如果敲的声音是虚的，有点沙哑，不管它闭得多紧，也是坏的河蚌。

有一天，母亲又买回了一大包河蚌，这个小孩熟练地拿出一个洗菜盆，开始鉴定工作。出乎意料的是，他敲击的结果居然所有的河蚌都是坏掉的。小孩跑去将这个结果告诉了母亲。

于是，母亲亲自动手检验，结果发现，原来小孩抓在左手里的那个河蚌是坏的，难怪敲起来的声音全都不对劲！

所以说，偏激、自视不清等自身的缺陷同样是一种自我限制，它不但会影响一个人的发展，还会将自己置于尴尬的境地。

有一位博士被分到一家研究所，由于他是这里学历最高的一个，所以他不把任何人放在眼里，更不屑于向别人请教事情。

有一天，他到单位后面的小池塘去钓鱼，正好正副所长在他的一左一右，也在钓鱼。

他只是微微点了点头，因为他觉得跟这两个本科生没啥好聊的。不一会儿，左边的正所长放下钓竿，伸伸懒腰，然后蹭蹭蹭地从水面上走到池塘对面上厕所。

博士眼睛瞪得都快掉下来了。水上漂？不会吧？这可是一个池塘啊。正所长上完厕所回来，同样也是从水上漂回来。怎么回事？博士生好奇极了，可又不想去问，自己是博士生啊！

过了一阵，右边的副所长也站起来，走几步，蹭蹭蹭地漂过水面上厕所。这下子博士生更是差点昏倒。不会吧，自己到了一个江湖高手集中的地方？又过了一会儿，博士生也内急了。这个池塘两边有围墙，要到对面厕所非得绕十分钟的路，而回单位上又太远，怎么办？博士生也不愿意去问两位所长，憋了半天后，也起身往水里跨：我就不信本科生能过的水面，我博士生不能过。结果只听扑通一声，博士生栽到了水里。

两位所长将他拉了出来，问他为什么要下水，他说："为什么你们可以走过去呢？"两位所长相视一笑："这池塘里有两排木桩子，由于这两天下雨涨水正好在水面下。我们都知道这木桩的位置，所以可以踩着桩子过去。你怎么不问一声呢？"博士生一下子涨红了脸。

过度骄傲也是自我设限，它让自己和别人之间围了一座高墙，无法逾越这座高墙就无法冲破自己的偏见，无法实现自身更大的发展。

有些事情，看上去困难，其实做起来非常简单。在很多时候，我们失败不是由于我们缺乏哪方面的能力，而是出于错误的自我认识。给自己乱贴"我不会""我不能"或者"我就是怎么怎么样"的标签，对自己进行错误的自我设限，将自己禁锢在某个小范围内，这就很容易失去发展的机会。所以，大声地对自己说："我认为我可以"冲破自我设限，任何事情都可以改变。

如何克服自我中心意识

我们不难发现有这样一些人，他们存在着过于浓厚的自我中心主义观念，凡事都只希望满足自己的欲望，要求人人为己，却置别人的需求于度外，不愿为别人做半点牺牲，不关心他人痛痒，表现为自私自利、损人利己。要求所有的人都以他为中心，恨不得让地球都围绕他的意愿转，服从于他。他们只要集体照顾，不讲集体纪律，否则就感到委屈、受不了。却不愿从客观实际出发，不能服从他人及集体。这种人强烈希望别人尊重他，却不知道自己也得尊重别人。总之，这些人心目中充满了自我，却唯独没有他人，信奉的是人不为己，天诛地灭。其问题出在自我意识过浓，走向了以自我为中心的极端，或者说个人主义思想严重。

无疑，这种自我中心意识于他自己是极为不利的。这会严重影响一个人的自我形象，也影响良好思想品德的形成，以致被人厌恶、瞧不起。由于一门心思都放在蝇头小利的追求与意义不大的个人得失上，没有崇高的理想、远大的目标，因而也不可能拥有良好的人际关系。试想，谁愿意与这样的人长期合作共事或终生为伴呢？可以说，这种人到头来得到的只是芝麻，而失去的是西瓜，真是得不偿失。

那么，这些人如何才能逐渐克服这种自我中心意识呢？其关键在于改变自己的认识。

首先，要正视社会现实，社会上的每个人都有其各自的欲望与需求，也都有其权利与义务，这就难免会出现矛盾，不可能人人遂愿。这就要求人人正视客观现实，学会礼尚往来，在

必要时做出点让步。当然应该承认自我的权利与欲望的满足，但也不能只顾自己，忽视他人的存在。如果人人心目中都只有自我，那么，事实上人人都不会有好日子过的。

其次，从自我的圈子中跳出来，多设身处地地替其他人想想，以求理解他人，并学会尊重、关心、帮助他人，这样才可获得别人的回报，从中也可体验人生的价值与幸福。

最后，加强自我修养，充分认识到自我中心意识的不现实性与不合理性及危害性。学会控制自我的欲望与言行。把自我利益的满足置身于合情合理、不损害他人的可行的基础之上。做到把关心分点给他人，把公心留点给自己。

陷阱二：过于聪明反被聪明误

每个人都希望自己聪明，而不是愚蠢，这似乎无可辩驳。然而，什么事情都有它的两面性。聪明固然是好事，但做人如果太过聪明了，往往也会变成坏事。因为，聪明反被聪明误，而且这一“误”，就有可能误了一生。

聪明的小男孩

英国某家报纸曾举办过一项高额奖金的有奖征答活动。

题目是：在一个充气不足的热气球上，载着三位关系人类命运的科学家。

第一位是环保专家，他的研究可以拯救无数人，使他们免于因环境污染而面临死亡的厄运。

第二位是核学专家，他有能力防止全球性的核子战争，使地球免于遭受毁灭的绝境。

第三位是粮食专家，他能在不毛之地，运用专业知识成功地种植粮食，使几千万人不会因饥饿而死。

此刻热气球即将坠毁，必须丢出一个人以减轻载重，使其余的两人得以存活，请问该丢下哪一位科学家？

问题刊出之后，因为奖金数额巨大，信件如雪片般飞来。

在这些信中，每个人都竭尽所能地阐述他们认为必须丢下哪位科学家的见解。

最后结果揭晓，巨额奖金的得主是一个小男孩。

他的答案是：将最胖的那位科学家丢出去。

人们就是这样，在世事面前思前想后，想要一个对自己最有利的结果，生怕自己表现得比别人愚蠢，落在别人后面，并为此争权夺利，甚至大打出手。这样自以为聪明地争来争去，却不知真理其实很简单，那就是：抛开功利，真实地面对事情本身。功利心越重，离真理越远。这就是那个小男孩获胜的理由，因为他的真实比任何人的鸿篇大论都来得聪明。

不要觉得自己比谁都聪明

英国19世纪的政治家查士德斐尔爵士曾对他的儿子做过这样的教导：“要比别人聪明，但不要告诉人家你比他聪明。”苏格拉底也在雅典一再地告诫他的门徒：“你只知道一件事，就是你一无所知。”

这些话的意思是，你可以比别人聪明，但千万不要卖弄。一旦卖弄起自己的聪明，那不但会误了事，还会受到惩罚。因为，如果你觉得只有自己是聪明的，那别人就是愚蠢的，这样你就会有意无意地显露出你的轻蔑，即使只是一个蔑视的眼神、一种不满的腔调、一个不耐烦的手势，都有可能带来难堪的后果。因为你否定了别人的智慧和判断力，打击了别人的自尊心，同时还伤害了别人的感情。尤其对于你的长辈或者上司来说，这种否定是很致命的，他非但不会改变自己的看法，还要进行反击。这时，卖弄了聪明的你不但不会得到嘉许，而且还要承担后果，即使你有再多的道理也无济于事。

这样的例子在我国古代的文人中有很多。那时的文人十有八九是聪明的，这种聪明的表现之一就是看不起上司，认为上司不如自己聪明。晚唐时的温庭筠就是个例子。

唐宣宗时，温庭筠由于善诗词，常常出入于当朝宰相令狐绹的府第，令狐相国对其待遇甚高，但是温庭筠恃才放狂，经常显示自己的“聪明”，结果终为人所不容。

有一次，宣宗赋诗，上句用了“金步摇”，但对句一时怎么也想不出来，遂令温庭筠来对。温庭筠立即以“玉条脱”应对，宣宗听罢非常满意。当时在旁的令狐相国不知温庭筠所对词语的出处，事后就向他虚心请教。本来宰相大人不耻下问已是很给面子了，可温庭筠呢，在告诉对方此典出自《南华经》后，又说了句：“《南华经》这么一部极普通的书，相国在公事之余，也应该读一点才是。”换一种说法就是：这样的书你都没有读过，你还做什么宰相？当时令狐绹脸都羞红了，当面没有发作，背后却向宣宗报告说温庭筠这种人有才无行，不能让他登第。

这样，以致温庭筠后来落魄江湖。他在晚年反思自己的一生时，曾写下过这样沉痛的诗句：“因知此恨人多积，悔读《南华》第二篇。”

可见，对于自己当年的卖弄聪明，温庭筠感到十分后悔。其实，聪明是一个人的长处，但如果总觉得自己比谁都聪明，并且在与人的相处中总是把这种想法表现出来，那就会变成他的短处。

有时聪明不如愚钝好

“机关算尽太聪明，反误了卿卿性命。”这是《红楼梦》中对王熙凤的著名判词。王熙凤是文学作品中“聪明反被聪明累”的典型。

王熙凤在贾府算是一个“巾帼英雄”了，她“于世路上好机变，言谈去得”“心性又极深细，竟是个男人万不及一的”“少说着只怕有一万心眼子，再要赌口齿，十个会说的男人也说不过她呢”“从小到大姊妹玩笑时就有杀伐决断，如今出了阁，在那府里办事，越发历练老成了”“真真泥腿光棍，专会打细算盘”“嘴甜心苦，两面三刀”，她都占全了。活脱脱一个八面玲珑、聪明绝顶的人物。然而，就是这样一个十分精明的人，最后却落得孤家寡人、身心劳碌至死，最终一无所有的下场。

这么聪明的一个人怎么会落得如此凄惨的下场呢？原因就在王熙凤只知进，不知退；只知耍小聪明，不知厚道待人；只知损人利已，不知深藏于密。甚至连自己的丈夫都数落她，背叛她。而这一切的根源，就在于她的爱耍小聪明。

所以，聪明不要紧，但不要聪明过头，因为有时聪明不如愚钝，聪明反而会带来很大的坏处。

三个女人到了墨西哥，喝得酩酊大醉。醒来时发现自己在监狱里，虽然不记得做了什么，但知道天亮就要被处决。

第一个女人被绑上电椅，问她有什么要说的，她说她在神学院学习，相信上帝会以其至高无上的能力，证明她是无辜的。电闸合上了，什么事也没发生。行刑的人立即抽自己的嘴巴子，恳求她宽恕，把她放了。

然后是第二个，她说她在法学院读书，相信是非严明的法律能证明她是无辜的。结果电闸合上了，还是什么事也没发生。行刑的人又狠狠地抽了一阵自己的嘴巴子，恳求她宽恕，也把她放了。

最后一个是看上去就精明强干的年轻女郎，她说：“我是学电的，刚得了学位。告诉你们吧，你们这些蠢货的人，不把电源插上，什么事也不会发生的。”

结果行刑的人插上了电源，这位女郎的后果可想而知。

培根曾说：“生活中许多人徒然具有一副聪明的外貌，却并没有聪明的实质。他们往往是‘小聪明，大糊涂’。凡这种人，在任何事情上都言过其实，不可大用。因为没有比这种假聪明更误大事的了。”

道理就是这么简单，却又无比深奥。一个机关算尽的人最终会算到自己头上。俗话说：搬起石头砸自己的脚。正好是“聪明反被聪明误”的绝妙写照。

人生都有一个误区，认为自己聪明，见利就上，见名就抢，见便宜就占，得到的以为是聪明，得不到的以为是傻瓜。其实对于这些鸡毛蒜皮的小事，斤斤计较，那样人活着就太累了。如果你是真正的聪明，就要学会大事聪明、小事糊涂。更不要在别人面前卖弄聪明，因为那样的话，不但会使你的聪明变得“廉价”，有时还会惹来不必要的麻烦。

陷阱三：宽容不会伤人又伤己

在人与人的相处中，难免会产生一些分歧，甚至冲突，事过之后怎么善后就成了一个问题。是用宽容的心一笑了之，还是斤斤计较没完没了？很多人会说当然要宽容，事实上真正的宽容并不是每个人都能做到的。比如，有人背后说了你几句闲话，只要传进你的耳朵里，你肯定会不高兴，没准明天就弄一双小鞋给他穿，让他知道你也不是好惹的。然后，被你穿了小鞋的人反过来再算计你。这样就会形成恶性循环，真的没完没了了，本来是一件小事却有演变成深仇大恨的趋势。其实，只要宽容一点，就能避开这个伤人又伤己的陷阱。

宽容的力量

林肯在竞选总统前到参议院演说时，曾遭到一位参议员的羞辱。那位议员说："林肯先生，在你开始演讲之前，我希望你记住自己是个鞋匠的儿子。"

换了别人一定会恼羞成怒，然后反唇相讥。可是林肯先生却这样说道："我非常感谢你使我记起了我的父亲，他已经过世了。我一定记住你的忠告，我知道我做总统无法像我父亲做鞋匠一样做得那样好。"

这使参议员陷入了沉默。

林肯转过头来对那位傲慢的参议员说："据我所知，我的父亲以前也为你的家人做过鞋子，如果你的鞋子不合脚，我可以帮你改正它。虽然我不是伟大的鞋匠，但我从小就跟我的父亲学会了做鞋子的技术。”然后，他又对所有的参议员说：“对参议院的任何人都一样，如果你们穿的那双鞋是我父亲做的，而它们需要修理或改善，我一定尽可能地帮忙。但有一点可以肯定，我父亲的手艺是无人能比的。”

说到这里，所有的嘲笑都化作了真诚的掌声。

林肯就是这样，以他的宽容闻名。还有人批评林肯总统对待政敌的态度：“你为什么试图让他们变成朋友呢？你应该想办法打击他们，消灭他们才对。”

“我们难道不是在消灭政敌吗？当我们成为朋友时，政敌就不存在了。”林肯总统温和地说。这就是林肯总统消灭政敌的方法，将敌人变成朋友。

一语中的，多一些宽容，公开的对手或许就是潜在的朋友。消除仇恨，换个方式对人，不但消灭了旧的敌人，还得到了新的朋友。正是由于这种宽阔的胸襟和无上的智慧，他两度被选为美国总统。

今天在以他名字命名的纪念馆的墙壁上刻着这样一段话：

“对任何人不怀恶意；对一切人宽大仁爱；坚持正义，因为上帝使我们懂得正义；让我们继续努力去完成我们正在从事的事业；包扎我们国家的伤口。”

这就是一位伟大总统的人格写照，他让人们看到并由衷相信了的确有这样一种力量存在，即宽容的力量。

用怨毒的心对人，伤人又害己

很久以前，蜜蜂送了一壶蜜给神，神很高兴地说道：“谢谢！蜜蜂，现在我也送你一件东西，只要你要求，我一定如你

所愿。”蜜蜂考虑了很久后，回答道：“尊敬的神，请赏赐我一根一下就能把人刺死的针！”神听到蜜蜂的要求，心中很不高兴，但又不好表示生气，因为已经有承诺在先，怎能食言呢？因此，神对蜜蜂说：“好的，我就送你那种针，不过有一件事你得注意，就是当你刺到别人，把那根针拔出来后，你的生命也就完了！”现在，蜜蜂身上的针就是这样的。

以怨毒的心对人，就像蜜蜂以毒针刺人一样，不但伤人，最后自己也得遭殃。拔除自己内心那根“蜜蜂的针”，以宽容之心对人，用坦荡宽容来化解仇恨，你得到的也会是温情的回报。

一场惨烈的战争，几乎使所有的士兵都丧命于敌人的刀剑之下了。

命运将两个地位悬殊的人推在一起：一个是年轻的指挥官，一个是年老的炊事员。他们在奔逃中相遇，跑进了沙漠。“请带上我吧，丰富的阅历教会了我如何在沙漠中辨认方向，我会对你有用的。”老炊事员哀求道。指挥官麻木地下了马，他认为自己已经没有了求生的资格，他望着老人花白的双鬓，心里不禁一颤：由于我的无能，几万个鲜活的生命从这个世界上消失，我有责任保护这最后一个士兵。他扶老人上了战马。

在这茫茫的沙海中，人很难辨认方向。“跟我走吧。”老人果敢地说。指挥官跟在他的后面。灼热的阳光将沙子烤得如炙热的煤炭一样，喉咙干得几乎要冒烟。他们没有水，也没有食物。老人说：“把马杀了吧！”年轻人怔了怔，唉，要想活着也只能如此了。他取下腰间的军刀……

“现在，马没了，就请你背我走吧！”年轻人又一怔，这要求着实有点过分。但他一直都处在深深的自责之中，老人此时要在沙漠中逃生，也完全是因为他的不称职。于是他背起老人继续前行。

一天，两天……十天，茫茫的沙漠好像无边无际。白天，年轻人是一匹任劳任怨的骆驼；晚上，他又成了最体贴周到的仆从。然而，老人的要求却越来越多，越来越过分。他会将两人每天总共的食物吃掉一大半，会将每天定量的马血喝掉好几口。年轻人从没有怨言，他只希望老人能活着走出沙漠。

他俩的身体越来越虚弱，直到有一天，老人奄奄一息了。“你走吧，别管我了。”老人说：“我不行了，还是你自己去逃生吧。”

“不，我已经没有了生的勇气，即使活着我也不会得到别人的宽恕。”

一丝苦笑浮上了老人的面容：“说实话，这些天来难道你就没有感到我在故意刁难、拖累你吗？我真没想到，你的心可以包容下这些不平等的对待。”老人说着解下了身上的一个布包：“拿去吧，里面有水，也有吃的，还有指南针，你朝东再走一天，就可以走出沙漠了，我们在这里的时间实在太长了……”老人闭上了眼睛。

“你醒醒，我不会丢下你的，我要背你出去。”

老人勉强睁开眼睛：“唉，难道你真的认为沙漠这么漫无边际吗？其实，只要走三天，就可以出去，我只是带你走了一个圆圈而已。我亲眼看着我两个儿子死在敌人的刀下，这全是因为你。我曾想与你同归于尽，一起耗死在这无边的沙漠里，然而你却用胸怀融化了我内心的仇恨，我已经被你的宽容大度所征服。只有能宽容别人的人才配拥有他人的宽容。”老人永久地闭上了眼睛。

年轻的指挥官震惊地伫立在那儿，仿佛又经历了一场战争，一场人性的战争。他得到了一位父亲的宽容。此时他才明白武力征服的只是人的躯体，只有靠爱和宽容大度才能赢得人心。

他放平老人的身体，怀着宽容之心，向希望走去。

用怨毒的心对人，最终伤人害己，而一个有着宽容之心的人，不但能够拔去别人心中的“蜜蜂的针”，而且能够获得别人的宽容。谁都有做错事的时候，用宽容的心对人，用大度化解仇恨，你的人生之路就会越走越宽。

宽容是一种智慧

宽容别人不但是一种为人处世的方式，也是一种修养，一种品质。也许有的时候宽容别人的人会被看作胆小怕事，因为他们会对别人的羞辱忍气吞声。其实不然，宽容是一种海纳百川的大度，是一种令人折服的智慧。

佛教里有一尊菩萨叫弥勒佛，这尊佛代表着充满希望和喜悦的未来。他笑容满面，肚子大大的，表现了宽容的生活智慧。据禅学典籍记载，弥勒佛曾经在中国出现过，他就是布袋和尚。他平常提着一个布袋，手持禅杖，四处化度有情的众生。虽然到处弘法很辛苦，但他每天都是笑容满面，充满喜悦。他的生活态度表现了对人生的达观与对世情的宽厚。据说，弥勒佛的造型就是依照布袋和尚的样子雕塑的。佛像透过象征性语言，表达了深奥的弥勒法门：笑容表现了对未来的希望和愉悦的心情，方耳象征着神气，大肚表示宽厚能容天下。

的确，生活中肚量最为重要。布袋和尚说：“我有一布袋，虚空无挂碍，展开遍十方，入时观自在。”好的肚量就像他那所谓的大布袋，展开像遍十方那样宽大，这样才有宽广的心理生活空间，任由自己遨游，生活得自在，到哪里都可以契机应缘，都可以和谐圆满。

宽容不仅需要“海量”，更是一种修养促成的智慧，事实上只有胸襟开阔的人才会自然而然地运用宽容。反观那些善于妒忌的人，遇到一点不满便怨天尤人，这些人纵然学问再好，也难成大器。

比如三国时的周瑜，毫无疑问是个卓越的军事家，才能出众，足智多谋，把庞大的东吴水师治理得井井有条。可是，当他得知了诸葛亮的神机妙算后，虽自知不如，但却不甘落败，于是整天盘算着如何打赢诸葛亮，最终在发出了“既生瑜，何生亮”的凄叹后，落得个吐血身亡的结局。其实这又何苦，倘若周瑜能够宽宏大量一些，他的结局肯定不会是这样。

因此，宽容是一种智慧，可以使你表现出好的性情，在激励自己的同时也能引发别人的回应。懂得宽容别人，就不会乱发脾气、乱闹情绪，甚至当面跟别人起冲突。这样，在让别人欣慰的同时，也创造了自己受教育与成长的机会，何乐而不为?

宽容是每一个有慈悲心的人应具有的美德。具有宽容心的人，能在事情陷入僵局时，使其峰回路转，也能使紧张的人际关系变得柳暗花明。如果人人都能以宽容之心待人，我们的生活便不会再有那么多钩心斗角，我们也不会再活得那么累。因此，有什么事情难以解决时，不妨提醒自己宽容一些，风轻云淡的日子就在眼前。

陷阱四：人生不要过于追求完美

人应该追求完美，但这仅仅是追求而不是要求或苛求。因为，完美只是我们追求的一种境界，世上并没有真正的完美。完美只是一个方向，没有一个人是十全十美的，以人短暂的生命，也不可能完美。所以，我们没有必要为没有做到尽善尽美的事情而耿耿于怀，更不应该为自己的一点小小缺陷而郁郁寡欢。而那些为追求完美郁郁寡欢的人，他们也许做梦都难以想象——追求完美也是生活的一种陷阱。

过度追求完美，会使自己失去原有的优势

金无足赤，人无完人，世上不存在没有缺点的人。过分追求完美，只会使自己失去原有的优势。

有个人找到了一颗有个小斑点的美丽珍珠，他想要是能够去掉这个小斑点，这颗珍珠就是世界上的无价之宝。于是，他削去了珍珠的表层，但斑点仍在，他又削掉一层，以为斑点肯定可以去掉了，殊不知斑点仍然存在，他不断地削掉一层又一层，直到最后，斑点没有了，但珍珠也不存在了。

美国著名作家霍桑的短篇小说《胎记》，写了这样一个故事：有着高超智慧和幻想力的科学家爱尔默，娶了一位美貌如花的妻子乔治娜，与娇妻灯前对坐，爱尔默自是欢愉不尽，但他却总觉得有一桩心事不能释怀。原来，乔治娜左颊上长了一个特殊的嫣红斑痕——胎记，尽管很小，但这在一贯追求完美境界的这位科学家看来，总是破坏了美的魅力。

他煞费苦心，想把妻子的可爱面颊改善得十全十美，毫无瑕疵。他曾研究出一种除斑的外用药剂，涂在妻子脸部的胎记上，但未能奏效。

于是，他又使用一种内服的强效药液，帮助妻子除治小小的斑痕。这种药的效果果然显著，胎记逐渐变淡、褪色；可是，随着胎记的最后一丝红晕从面颊上消失，那个堪称“十全十美”的绝代佳人的最后一口气，也散入青冥，化为乌有了。

古代的哲人墨子有一句名言：“甘瓜苦蒂，天下物无全美。”人也不例外，人无完人。那么，又何必凡事苛求，结果徒令自己成为那颗完美的珍珠呢?

心理学的研究证明，试图达到完美境界的人与他们可能获得成功的机会恰恰成反比。正是这种似乎无关紧要的生活态度，让他们掉进了完美的陷阱中难以自知，这给他们的生活带来了莫大的焦虑、沮丧和压抑。追求完美的人往往以理想的模式选择、评价自己生活中的一切，容不得客观的任何一丝不足，听不得不同意见，常常为生活中的挫折而痛不欲生，从而形成孤僻、抑郁的性格。

2003 年 4 月 1 日，香港影视歌三栖巨星张国荣从香港文华酒店的高楼上一跃而下，结束了他短暂而辉煌的一生。心理专家分析认为，张国荣自杀的主要原因之一，就是过于追求完美。据说张国荣要求每张专辑必须是十首歌，因为“十全十美”的概念对于他非常重要。

世上的人都是有缺陷的

在追求完美的路上，我们会不知不觉地踏入许多的陷阱中，为此，很多人深受其害——有了小的缺陷，你可怜自己又恨自己，耗费大量的心理能量和时间精力，企图去改变那些和别人不一样的地方，却常常收效甚微。因为小的缺陷让你无法完美，从而让你变得自卑。

有个自卑的女孩，去找心理医生，希望医生能够帮助她克服自卑。这个女孩子吞吞吐吐地对心理医生说："我耳朵上有一个眼儿。"

医生问她："眼儿有多大，别人能看出来吗？"

她说："我梳着短发，把耳朵盖上了，眼儿也只是个小眼儿，能穿过耳环，不过不在戴耳环的位置上。"

医生问她："有什么要紧吗？"

"哦，我比别人少了块肉呀，我为此特别苦恼和自卑！"

这个"耳朵上的小眼儿"引起了我们的思考。当我们把目光从自卑的人身上转到那些自信的人身上时，我们会发现：上帝并不是对他们宠爱有加，让他们全都完美无瑕。如果用"耳朵上的小眼儿"这样的尺度去衡量，他们身上的种种缺陷也可怕得很呢。

拿破仑的矮小、林肯的丑陋、罗斯福的残疾、丘吉尔的臃肿，哪一条不比"耳朵上的小眼儿"更令人痛不欲生？可他们却拥有辉煌的一生！如果说他们都是伟人，我们凡人只能仰视，就让我们再来平视一下周围的同事、朋友。你可以毫不费力地就在那些成功者身上找出种种缺陷，可他们照样活得坦然自在。自信使他们眉头舒展，腰背挺直，甚至连皮肤都熠熠生辉！

因此，即使有缺陷，我们也不要太在意，不妨反其道而行之，用显微镜去看待自己的缺点，而用放大镜去看自己的优点，只有这样，我们才可以忽视自身的缺陷，激发潜能。

人有一万个理由自卑，也有一万个理由自信！丑小鸭变成白天鹅的秘密，就在于它忽略自己所谓的缺陷，勇敢地挺起了胸膛，骄傲地扇动起翅膀飞了起来。

听说过“忘掉你的龅牙”的故事吗？美国曾有一位女歌手在参加唱歌比赛时总捂着嘴，生怕观众看见她的龅牙。她的表现令评委和观众很反感，尽管她音质很好，比赛却总是以失败告终。后来有人提醒她自信点，放开喉咙去唱，忘掉自己的龅牙就行了。果然没多久，她就成了美国歌坛最具实力的当红歌手，而她的龅牙也深受歌迷的欢迎。正所谓多一分自信就会多一分成功。

世上每个人都是被上帝咬过一口的苹果，都是有缺陷的人，关键在于有的人善于忽视那些缺陷，尽力展现自己的优势。尽管你的领悟力比别人慢些，记忆力比别人差些，但不管你有多少不足之处，这都不要紧。

善于利用自己的缺点

善于发挥自己的长处，是追求完美的具体表现之一。在通常情况下，这句话并没有什么问题，但有时候，它同样会成为我们的陷阱。因为我们过分地强调长处，却很容易忽视短处的妙用。

这是发生在日本的故事：一位五音不全的先生唱的歌却大受欢迎。每逢大家聚会时，他必然会被众多掌声请上台。他完全无法拒绝大家的热情，只好每次都唱同一首歌，他就是被同事们昵称为“阿滨”的渡边先生。

阿滨很聪明，每当别人要求他唱歌时，他总会巧妙地利用自己的五音不全，唱起美空云雀小姐的歌——《五月的天空》。不可思议的是，只要阿滨的这首歌一唱出来，其他的美妙旋律都因而失色，完全不能与阿滨的歌声抗衡。

同事们在要求他唱歌时，一定会很整齐地用一首广告歌的旋律唱着：“五音不全的渡边，唱首歌吧！虽然唱得很烂，让人听了头痛，还是请你唱首歌吧！”

千呼万唤之后，阿滨终于带着一脸笑容走了出来。他用右手中指推推那落伍的大黑框眼镜后，以立正的姿势，开口唱出：“五月的天空，太阳又上升……”

他总是那么认真，正正经经地唱着这首一成不变的歌，不管走到哪里都是这首歌儿，而且总是固定地慢半拍。当他开始唱“五月的……”时，速度还算正常，等唱到“天空……”时就很奇妙地慢了下来。阿滨既不害羞，也不恐惧，仍然以他那认真的表情，继续唱下去。

听他唱歌的人，几乎都笑弯了腰。在大家笑得快喘不过气来的时候，阿滨仍然继续唱着：“太阳……又上升……”

大家听到这里，更忍不住笑得前仰后合！

不过，大家的笑声中，绝没有一丝轻蔑，因为个性温和的阿滨，缓和了会场中稍显僵滞的气氛。他不像一些自以为很会唱歌的人那样，在台上炫耀自己的优点，相反，他是以另一种风格来为大家制造欢乐。他的歌，让人觉得血液畅通，神清气爽，这“五音不全”的魅力还真大呢！

和唱歌一样，人们做事的能力或本身的条件，一般总会有这样或那样的不足，只要我们善于利用自己的缺点，它便会成为我们的特点，而不会被人瞧不起。总之，有点小缺陷，不必有自卑感，拿出勇气泰然处之，就会变弱为强，甚至受到大家的喜欢。商业营销中很多通过自我揭短却使产品更畅销的现象，就是发挥自己的短处的经典例子。

世上没有完美，不完美才是真正的完美。

不要陷入完美的陷阱中不能自拔，有些缺陷是上帝送给你的礼物，善待它们，你将会另有意外的收获。

陷阱五：遇到难题不要怨天尤人

在遇到困难停步不前的时候，在受到不公平待遇难以施展抱负的时候，人们往往掉进怨天尤人的陷阱，抱怨上天不公平，为自己的不平四处喊冤叫屈，可就是忘了审视一下自己，看这一切的造成究竟源自何处。也许稍微做一下客观冷静的分析，就会发现，其实自己本身才是一切的根源。

是什么改变了你的处境

杰克在国际贸易公司上班，他很不满意自己的工作，愤愤地对朋友说："我的老板一点也不把我放在眼里，改天我要对他拍桌子，然后辞职不干。"

"你对于公司业务完全弄清楚了吗？对于他们做国际贸易的窍门都搞通了吗？"他的朋友反问。

"没有！"

"我建议你好好地把公司的贸易技巧、商业文书和公司运营完全搞通，甚至如何修理复印机的小故障都学会，然后再辞职不干。"朋友说，"你把他们公司当作免费学习的地方，什么东西都学会之后，再一走了之，不是既有收获又出了气吗？"

杰克听从了朋友的建议，从此便对工作兢兢业业，默记偷学，有时下班之后还留在办公室研究商业文书。

一年后，那个朋友问他："你现在学会了许多东西，可以准备拍桌子不干了吧？"

杰克却回答说："可是现在我不想走了，因为我发现近半年老板对我刮目相看，最近更是不断委我以重任，又升职，又加薪，我现在是公司的红人了！”

“这是我早料到的！”他的朋友笑着说，“当初老板不重视你，是因为你的能力不足，却又不努力学习；而后你痛下苦功，能力不断提高，老板当然会对你刮目相看。”

很明显，杰克曾经受到的所谓不公平待遇其实就是由他自身造成的，本身没有能力又不努力，怎么可能得到老板的赏识呢？假如他没有得到朋友的指点，一味埋怨别人的话，即使从这家公司辞职换到另外一家，他所遭遇的肯定还是同样的不被重视。然后再埋怨，再辞职，如此恶性循环下去，杰克的“不公平”处境将一直得不到改善。可想而知，他的生活会是怎样的一塌糊涂。可就在转念之间，他改变了自己，一切也就随之改变了。所以，要想改变自己的处境，只能靠自己。

奥地利著名的心理学家阿德勒在上小学的时候数学成绩非常差，老师、同学和父母都认为他不能学好数学，认为他在学习数学方面有着很大的缺陷，甚至连他自己也一直这么认为，觉得自己没有数学头脑、缺乏数学逻辑思维，根本就学不好数学。这样的观念在他的脑海里一直持续了很久，也使得他的数学成绩越来越糟。

然而，有一天，一件意外的事情却改变了他。那天，数学老师在黑板上写了一道难题后，就开始一边讲解一边演算给同学们看。可是，讲到中途，老师却卡壳了，一时间怎么也想不出下一步该怎么解了。下面的同学都暗暗地为老师捏了一把汗，但是谁都没能想出答案来。而这时，阿德勒却想出了解题办法和答案。

于是，他鼓足勇气站起来，把自己的想法说了出来。老师和同学们听他讲完后，都觉得他说得非常有条理，那的确是一种很好的解题思路和方法。他们都为他能想出这样的解法而感到惊诧不已。

就是从那天以后，阿德勒不再认为自己不能学好数学了，再也不觉得自己没有数学逻辑思维能力了。随着他对自己认识的改变，慢慢地，他发现数学不再像他以前所想的那样难，不再像以往那么可怕了。而且他还有些喜欢学习数学了。最后，期末结束，他的数学考试取得了相当好的成绩。

人们常常无意识地认定自己怎样，然而自己对自己的认知往往最能限制一个人的发展，使自己陷入某种困境。换言之，这种认知就是无形中自己给自己下的一个套，挣来挣去，其实捆住自己的绳索就在自己手中。

热忱是自己最大的前进动力

面对同样一件艰难的事情，一个充满热忱的人往往具有一种强大的力量，哪怕他的同伴占有再多的客观优势，最终都不会是他的对手。原因就在于，外在优势也许会改变，也许会消减，而自身的热忱却能使人保持清醒，使全身所有的神经都处于兴奋状态去进行内心所渴望的事情，它不会容忍任何有碍于实现既定目标的干扰。因此说，自己就是做事情时最大的力量来源。

这样的例子很多。比如，著名音乐家亨德尔年幼时，家人不准他去碰乐器，不让他去上学，哪怕是学习一个音符。但这一切都没有用，因为出于对音乐的热爱，他会在半夜悄悄跑到秘密的阁楼里去弹钢琴。莫扎特孩提时，每天都要做大量的苦工，但是到了晚上他就偷偷地去教堂聆听风琴演奏，将他的全部身心都融入音乐之中。巴赫年幼时，连点一支蜡烛的权利都没有，只能在月光底下抄写学习的东西，可是那些手抄的资料都会被没收，即使这样，他依然没有灰心丧气。同样地，皮鞭和责骂反而使儿童时代充满热忱的奥利·布尔更专注地投入到他的小提琴曲中去。

外在的苛刻条件可以轻易使一个平庸的人垂头丧气，却丝毫不能够消磨一个充满热忱的人前进的勇气。一个充满热忱的人不但可以改变自己的处境，一往无前地做成自己渴望的事情，他还可以感染更多的人，使周围的人都受到激励。

曾经有一次，有三个人做了一个小游戏：同时在纸片上把他们曾经见过性格最好的朋友的名字写下来，还要解释为什么选这个人。

结果公布后，第一个人解释了他为什么会选择他所写下的那个人：每次他走进房间，给人的感觉都是容光焕发，好像生活马上焕然一新，他热情活泼，乐观开朗，总是给人非常振奋的感觉。

第二个人也解释了他的理由：他不管在什么场合，做什么事情，都是尽其所能，全力以赴。

第三个人说：他对一切事情都尽心尽力。

必须说明的是，做游戏的这三个人都是美国几家大刊物的记者，他们见多识广，几乎踏遍了世界的每一个角落，结交过各种各样的朋友。可当他们互相看了对方纸片上的名字之后，竟然发现他们不约而同地写上了澳大利亚墨尔本一位著名律师

的名字，这正是由于这位律师拥有无与伦比的热忱。

就是这么简单，这位律师以他的热忱给别人留下了深刻的印象。无论外在的条件怎样，一个对生活充满热忱的人总是能够激励自己、振奋他人的。不怨天怨地，热忱就是自己最大的前进动力。

扫阳光不如将心门打开

有两个四五岁的小男孩，由于卧室的窗户整天都密闭着，他们总觉得屋内太暗，看着外面灿烂的阳光，兄弟俩就商量说："我们可以一起把外面的阳光扫一点进来。"于是，兄弟两人拿着扫帚和畚箕，到阳台上去扫阳光。可等到他们把簸箕搬到房间里的时候，里面的阳光就没有了。这样一而再、再而三地扫了许多次，屋里还是一点阳光都没有。这时妈妈看见了他们奇怪的举动，问道："你们在做什么？"他们回答说："房间太暗了，我们要扫点阳光进来。"妈妈笑道："只要把窗户打开，阳光自然会进来了，何必去扫呢？"

这个故事看上去似乎很幼稚好笑，实际上在现实生活中有不少人都会犯类似的毛病。遇到什么难解的问题，就到外面去找原因，企图通过改变外界来证明自己，其实根本的原因在自己身上，只要打开心结，问题就会迎刃而解。

珍妮是个总爱低着头的小女孩，她一直觉得自己长得不够漂亮。有一天，她到饰物店去买了只绿色蝴蝶结，店主不断地赞美她戴上蝴蝶结很漂亮，珍妮虽不信，但是挺高兴，不由昂起了头，急于让大家看看，出门与人撞了一下都没在意。

珍妮走进教室，迎面碰上了她的老师。"珍妮，你昂起头来真美！”老师夸赞她说。

那一天，她得到了许多人的赞美。她想一定是蝴蝶结的功劳，可往镜子前一照，她发现自己头上根本就没有蝴蝶结，估计是出饰物店时与人一碰弄丢了。

总是认为自己不如别人，就会真的越来越后退，将自己封在了自设的圈套里面。与其强求别人的认可，不如跳出自闭的房间，将心门打开，首先相信自己可以。其实自信原本就是一种美丽，一种能力，一种力量。自己信自己，也就是自己救了自己。

你抱着下坡的想法爬山，便无从爬上山去，是下坡还是爬山，其实都是自己的主意。古语说：“天时不如地利，地利不如人和。”天时、地利都是外界条件，只有人心最重要，也就是自身的想法最重要。遇到难题，先不要怨天怨地，而应审视自己，也许你内心的想法就是一切的根源。改变自己，问题就会迎刃而解。

陷阱六：舒适会制约一个人的发展

毋庸置疑，每个人都向往舒适的生活和工作环境，殊不知这种舒适的环境往往会成为制约一个人发展的陷阱。舒适的环境可以慢慢地磨灭人的意念和斗志，直到在你面临重大挑战时，你已经没有能力去把握。就像马戏团被驯化的老虎和大象一样，虽然看似强大，但它们已经没有了在恶劣的环境中称雄的斗志。

每个人都有一个舒适区

每个人都会有一个适合自己的“舒适区”，在这个区域里，他会感到很舒服，很放松，一旦走出这个区域，他就会不舒服。比如说，刚买来的鞋穿着很夹脚，穿了两个星期以后就开始感到舒服了。

畅销书《谁动了我的奶酪》讲得很清楚，小老鼠在自己的窝里，觉得很舒服，一旦出去了以后，它感到很彷徨，很无奈，很恐惧，所以它就不愿意出去。这个窝就构成了它的“舒适区”。

与紧张的工作环境相比，休闲娱乐的家庭空间就是我们的“舒适区”。但是，无论个人还是企业，如果你或你的企业设定了新的目标，当你要去达到这个目标的时候，你就必须离开原有的“舒适区”；不离开原有的“舒适区”，你就不可能达到新的目标。一旦离开了“舒适区”，当然就会感到不舒服，但若是离开了“舒适区”，又达到了新的目标，就会有一个非常关键的变化——你的“舒适区”被扩大了！企业如果不愿离开“舒适区”，过了一段时间你的“舒适区”就有可能被别人吃掉一块，接着又吃掉一块，到最后企业就有可能面临破产倒闭的危险。

企业和个人都会有一个习惯的惰性。但不愿意改变、不愿意离开“舒适区”的企业是不会有前途的，结果也是非常可怕的。近些年来，有些企业抓住了市场机遇，有了一定的发展，于是就觉得自己很好了，在管理上也不存在什么问题了。在这种“舒适区”的掩饰下，企业的许多问题并没有及时暴露出来，当然也不会得到及时的处理。但日积月累，一旦问题爆发时，企业已经来不及从根本上解决这些问题了，一些企业也就因此破产关门。

安于“现状”是一座孤岛

很多人之所以不愿逃离舒适区，是因为他们安于现状，满足眼前的生活，不愿意再费心突破。下面的故事很好地说明了这一切。

很久很久以前，非洲大陆的一个角发生了漂移，漂到了海中成为一座孤岛。

在漂移过程中，有的部落漂到了海岸，有的部落被海水吞没。岛屿停止漂移时，上面只剩下了玛族人和相族人。两个部落世世代代都是冤家，连年发生战争，每次都以弱小玛族的失败而告终。如今，冤家相处在同一座孤岛上，形势不同于大陆了。

虽然在漂移过程中，牺牲了一些相族人，但他们依然占据着绝对的优势。当玛族人因为和相族人同居孤岛而愁眉不展

时，相族人却在举杯庆贺。相族族长举起酒杯，无比兴奋地说："上天真是太厚待我们了，给了我们这座岛屿。这里没有狮子、猎豹和老虎，连猴子都没有，这里就是我们相族人的天下，至于小小的玛族人嘛，根本就不用放在眼里！"相族成员听了族长的讲话，发出一阵欢呼声。是的，在这座岛屿上，他们的确是绝对的王者，他们完全有理由从此高枕无忧。

与此同时，玛族人则在讨论如何打败相族人，或者把相族人赶出岛屿，以夺取岛屿的统治权。在大陆时代，打不赢可以跑，相族人还不是最大的威胁，而如今在孤岛上，往哪儿跑呢？能否取得统治权已经关系到玛族人的生死存亡了。当玛族人七嘴八舌地献计献策，描绘着有朝一日奴役相族人，并让相族人为他们做苦力的美好前景时，有一个叫连天的玛族成员却向族长提出了不同的意见："我们为什么一定要与相族人为敌呢？在大陆生活时，威胁我们的不仅仅是相族人，还有狮子、猎豹和老虎，甚至狼也能把我们列进它们的食谱。如今，生活在这座孤岛上，很多威胁都不存在了，只要相族人不主动与我们为敌，我们就没有必要去攻打他们。这座岛屿是我们和相族人共同的家园，我们不能用战争去破坏甚至毁灭它。"

连天的意见得到了大多数成员的认可，也得到了族长的支持。

"其实，我们目前面临的矛盾，并不是与相族人的矛盾，而是我们与自然的矛盾。这座岛屿的生存环境，要比大陆恶劣得多，我们应该更多地关注脚下这片土地，而不是关注相族人的举动。"连天一边说，一边把他的研究成果展示给大家。

最近在研究地壳运动和大陆漂移时，他发现孤岛有下沉的趋势。

“如果岛屿沉入了大海，即使打败了相族人，我们也算不上胜利者。”族长看了连天的研究成果后，恍然大悟，当即成立了“发展战略部”，让他们日夜监测岛屿的动向。同时，还成立了“技术开发部”，让他们研究并制造大船，以备离开岛屿所需。那时候，还没有谁制造过大船。

玛族人的决定传到了相族，相族族长哈哈大笑：“真是杞人忧天，这么大一座岛屿，是说沉就沉的吗？我们可以在这里生活数百年、数千年，甚至永远生活下去！这是最舒适的地方，我们哪儿也不去！”相族人的其他成员也这么认为。

时间很快过了两年，玛族人一时一刻也没有放弃对岛屿的监测，时刻在为离开岛屿做准备。有一天，负责监测岛屿的人跑来报告：岛屿突然加快了下沉速度，原因是非洲大陆离岛屿最近的地方发生了强烈的火山爆发和地震。

玛族上上下下惊作一团，好在负责技术开发的人送来了好消息：迁离岛屿所需的大船全部制造完成，船的质量，是当时全世界最好的。

事不宜迟，族长立即找连天商量。连天不仅通地理，还通天文，是顶级的气象专家。他对族长说：“三日内有大风暴朝大陆方向刮去，正是迁离孤岛的好时机。”族长当即下令：“做好出发前的一切准备，风暴一开始，就实施迁离行动。”

逃命的时候到了，玛族族长虽然对相族人没有好感，但出于善意，还是通知了相族人。每一个相族人都不以为然，还嘲笑了一番：“哪里还有比这更好的地方？人呐，要学会知足，别像玛族人那样好高骛远。”相族族长不失时机地教育着家族

成员。

事实上，相族人不仅没有船，连造船的技术也没有。

第二天黄昏，风暴来了，玛族族长和部落的所有成员乘上16只大船出海了。

第三天早晨，玛族人迁移成功，除了两只船被风浪打翻外，其余的都安全到达了非洲大陆。而相族人呢？当他们一觉醒来时，发现周围一片汪洋。没有船，也不会造船，即使会，也来不及了。他们试图游过海峡，但一个也没有成功，最终，数百名相族人随着岛屿沉入了大海，做了鲨鱼的美食。

这一次，相族人失败了，但不是被玛族人打败的，而是败在了他们自己安于现状处事态度上。

在现实生活中，很多人走向失败，很多企业走向衰亡，常常不是因为外界给予的打击，而是因为自己选择了安于现状，被舒适的陷阱困住了，如同故事中的相族人那样。

学会做一只逃离舒适区的青蛙

青蛙被开水烫死的故事，读者可能都听说过：如果你把青蛙放到热水中，它一定会马上跳出来，但如果你把青蛙放到冷水中，然后非常缓慢地加温，青蛙却不会跳出来，直到将温度加到将青蛙烫死的程度，它就永远也没有跳出来的机会了。

人又何尝不是如此呢？我们总是习惯享受生活的舒适，却不知道舒适其实也是生活中的一种圈套。舒适的环境可以慢慢地磨灭人的意念和斗志，直到在你面临重大挑战时，你已经没有能力去把握。

也许你现在是一只青蛙王子，在职场中春风得意，指点江山，率领你的团队正向更高的目标冲刺；也许，你是一只青蛙大臣，还处于金字塔的中间，正努力地爬向金字塔的高层；也许你只是一只初出茅庐的青蛙，正对未来满怀憧憬，梦想着光明的未来。但是，不论你的地位如何，你总是一只青蛙，仍然会遇到青蛙们所可能遇到的各种危险。因此，无论在什么时候，你都不应该对这个故事不屑一顾，因为稍不留意，你就有可能变成温水中的青蛙。

人都是有惰性的。作为青蛙王子，当你率领团队取得巨大成功时，应该庆功吧？可以暂时喘口气了吧？作为青蛙大臣，自己日常的工作闭着眼睛都知道怎么做，权利、业绩、收入都不错，可以放松一下了吧？作为一只新毕业的小青蛙，你如愿以偿地加入到一家大公司，基本上前程无忧了吧？当你有了这些想法，放松了对自己的要求时，就有可能不知不觉地滑入到危险的水域中，当受到周围环境的影响放松警惕时，危机也就临近了；当凉水被缓慢地加温而你不注意时，你就离失败不远了。

每个人都不想当温水中的青蛙，绝大多数人也自信满满，认为自己决不会成为温水中的青蛙。但是作为青蛙，你大部分时间都需要在水中，你怎么能分辨得出哪部分水域安全，哪部分水域危险呢？何况安全只是相对的，随着环境的变化，原来安全的水域也有可能变得危险，你必须十二万分小心，才能避免陷入危局。因此，作为职场中的青蛙，既然你无法改变外部的环境，你又没有办法不当青蛙，那么你只能改变自己，保持高度的警惕，随时注意环境的变化，一旦水温出现哪怕是微小的异常，就要立即进行分析，并采取必要的对策。

这就是职场中的自我安全管理。为了能够继续生存下去，不断获得发展，你不妨每天早晨大声地问自己一句：我是温水中的青蛙吗？

要学会做一只逃离舒适区的青蛙，可以从以下三个方面做起：

一、要从改变思维开始。不要被一些陈旧的思维所束缚，要改变自己的思维习惯，告诉自己正确的观念。

二、摆脱习惯的牵引。很多人有许多非常不好的习惯思维模式和行为模式。比方说习惯睡懒觉，习惯说话不算数，习惯跟人吵架，习惯酗酒，习惯赌博等。我们被习惯所牵引，习惯是从思维影响行为的，可怕的思维习惯和行为习惯会毁掉我们的一生。

三、积极、主动、进取。我们应该变得积极，变得主动，变得进取，这里面有一个关键，就是我们要学会做好准备。机会只眷顾有准备的人！

孟子曰：“天将降大任于斯人也，必先苦其心志，劳其筋骨，饿其体肤……”这其实就是告诉我们要远离舒适的陷阱，要不断让自己处于不舒适的状态，才可以有大的作为。国内有家顶尖的广告公司喊出了这样的口号：“我们拒绝平庸，拒绝驯化，绝不做马戏团被驯服的老虎，宁做旷野呼啸的狼。”这应该是每个勇于进取的人所追求的境界。

陷阱七：盲目地顺从也不一定是正确的

有句俗语叫“不听老人言，吃亏在眼前”。老人一般都是有着丰富阅历的人，所谓“走的桥比你走的路还多”就是用来形容他们的经验的。所以，我们在做任何事的时候，总是习惯于请教长辈或者听取别人的意见。

集思广益，这当然是保证事情能够万无一失的有效方法。但是，很多时候，别人的话（包括自己的父母、亲人和朋友）不一定是正确的，他们的话无意中会成为你的陷阱，也许无意中让你丧失了很多重大的机会。

不要太过于迷信别人的话

奥尔科特用她的笔赚了 20 万美元，但是，当她第一次感到自己具有这种才能的时候，她的父亲递来一张纸条，那是《亚特兰大》的编辑菲尔德先生写给他的：“让奥尔科特继续教书吧！她在写作这一行永远不会成功。”

奥尔科特对他的父亲说：“告诉他，我一定会成为一名成功的作家。有一天我会为《亚特兰大》写稿的。”

不久，她为《亚特兰大》写了一首诗，连朗费罗都以为是爱默生的作品。

她在日记中写道：“20 年前，我决心用自己的力量还清家里欠的债。40 岁那年，我做到了。债务全部还清了，包括那些按照法律无须归还的部分。我们还有足够的钱过舒适的生活，尽管这稍稍有损我的健康。”

这样的事情是不是也常常发生在你的身上？当你想去做某事的时候，你身边的朋友对你说“那是不可能的”，这些对你否定的人还包括你的父母。这个时候你是屈服于他们，放弃自己的想法，还是坚持？

一般的人无疑是会放弃。可是，那些有伟大作为的人却是坚持自己的人。

爱迪生发明电灯，历经无数的失败，别人对他说过无数次的不可能，但是他坚持下去，最终成功了。

爱因斯坦，被老师看作是大脑迟钝，无法在学校接受正常教育的人，结果他通过自己的努力，向世界证明了自己是最伟大的科学家。

达尔文整天沉湎于那些花草、昆虫、动物，被老师和父母看作是一个不务正业的人，结果，他成了了不起的生物学家。

比尔·盖茨不认真听讲，逃课，被老师看作是没有什么前途的学生，他竟然成了世界上最富有的人。

到底是谁错了！

我们之所以无法成功，很多时候，是因为太过于迷信别人的话，困在了别人为我们设下的陷阱里。

是别人偷走了你的梦想

学生们向苏格拉底请教怎样才能坚持真理。苏格拉底让大家坐下来。他用手指捏着一个苹果，慢慢地从每个同学的座位旁边走过，一边走一边说：“请同学们集中精力，注意嗅空气中的气味。”

然后，他回到讲台上，把苹果举起来左右晃了晃，问道："哪位同学闻到了苹果味儿？"

有一位同学举手回答说："我闻到了，是香味儿！"

苏格拉底再次走下讲台，举着苹果，慢慢地从每一个学生的座位旁边走过，边走边叮嘱："请同学们务必集中精力，仔细嗅一嗅空气中的气味。"

稍停，苏格拉底第三次走到学生中，让每一位学生都嗅一嗅苹果，这一次，除一位同学外，其他同学都举起了手。

那位没有举手的同学左右看了看，慌忙也举起了手。

苏格拉底脸上的笑容不见了，他举起苹果缓缓地说："非常遗憾，这是一枚假苹果，什么味儿也没有。"

当你决定放弃自己的坚持，而去选择与他人相同目标或是结果时，真理便离你远去。就如苏格拉底手中的苹果，那是一种虚幻的气味，却使得人们纷纷忘了真实，结果也只能是受到愚弄罢了。

我们对待自己的梦想的态度也是如此，我们之所以不能用一生去坚持我们的梦想，很大原因也是受到了外部因素的影响，特别是你身边最重要的朋友和亲人的影响。

仔细体会以下一段文字，是不是我们很多人都有过这样的生活历程呢？

10 岁时，我们会无所顾忌地谈论自己的梦想，梦想着长大了当医生、老师、画家、音乐家、飞行员、科学家……

20 岁时，我们还会偶尔谈起自己的梦想，但已经不像 10 岁孩童谈论它时那么理直气壮，因为多出了许多面临进入社会

的忧虑，还怕落上一个空想的罪名，因此我们几乎不再谈论自己的梦想。

30岁时，已经在社会上历练了几年，事业处于上升阶段，头脑里装的是怎样处理各种复杂的人际关系，怎样能得到更好的升迁，梦想已经被深深地埋在心灵深处，成了一颗不会发芽的种子。

40岁时，人到中年，生活的琐碎几乎压弯了我们的腰，平平淡淡才是真，什么是感动，什么是梦想，似乎离我们已经很遥远了。即使看到孩子们兴致勃勃地谈论梦想时，也会无情地把他们的梦想杀死。等到有一天谈论梦想时，才发现原来自己的梦想真的已经被偷走，我们曾经有过的梦想已经没有了踪影。

每个人都有梦想，但你有没有发现你的梦想随着年龄的增长而变小？很多东西你不敢去想，那是为什么呢？是谁把你的梦想偷走了呢？

那么我来告诉你吧：你的梦想被现实生活、你的亲人、你的朋友，你周围的所有人偷走了。

有没有看到过这样的现象，一个小孩在搭积木，搭属于他的理想中的宫殿，这时候父亲或母亲走来叫小孩去吃饭，然而小孩因为还没有搭完不去吃，这时候大人就粗暴地推翻了积木，拖着哭泣的孩子去吃饭了。亲爱的朋友，你们知道不知道你把孩子的梦想给毁灭了？

是生活让我们失去了梦想还是环境压抑了我们的梦想？回答是：作为梦想的主人，是我们自己放弃了梦想。因为我们不敢坚持，没有把自己的梦想当成目标，所以很轻易地就会被人把梦想偷走、摔碎，磨平了对生活的激情。因此，当你有梦想的时候，千万不要因为别人的干扰而不敢去想，只有你敢去想才有希望。

人类因梦想而伟大，社会因梦想而得以发展。人们梦想着到月球上，于是把这美好的想象赋予了嫦娥，让她奔向了月宫，但在20世纪60年代，人类终于实现了这个梦想。人们梦想着如果能像鸟儿一样在天上飞翔该有多好啊！正是人们一直坚持这个梦想，并付诸行动，最后莱特兄弟制造的飞机才实现了这个梦想。仔细观察一下会发现，我们生活中现在拥有的，曾经有多少在原来都只是人类的梦想啊！

正是因为有梦想，才激发了人们不断地去奋斗，去探索，将不可能变成可能。所以，当我们生活得波澜不惊，抱怨生活时，不妨想一想，我们曾经的梦想到哪里去了？是什么让我们对生活失去了热情？守护好我们的梦想，大胆地将自己想要的东西写下来（含达成的时间），并贴在你随时都能看到的地方，而且不断地提醒自己“我的目标是……”，那么奇迹就会发生。试试吧，别再让人随便把自己的梦想偷走了，也不要随便就偷走别人的梦想。

盲目地听从别人的意见，追根究底就是缺乏自信和没有主见。因此，规避别人干扰的方法就是重建你的自信和学会做一个有主见的人。只有真正做自己的主人，你才不至于被别人的想法所左右，你才可以主宰自己的命运。

不要墨守成规

前美国首富保罗·盖帝说："墨守成规是致富的绊脚石。真正成功的商人，本质上流着叛逆的血。"

美国的两位饮料界巨人——可口可乐与百事可乐，从1902年百事问世以来，彼此缠斗了几十年。因为可口可乐比百事可乐早上市了13年，百事可乐几十年来一直处于挨打的地位。到了上个世纪50年代，可口可乐仍以二比一的优势领先百事可乐。然而到了80年代，双方的差距缩小了，变成了势均力敌。

出现这种局面，得益于百事可乐高层的敢于冲破陈规。在这场短兵相接的市场争夺战中，美国百事可乐现任总裁罗杰·恩瑞克总是拿"两个和尚过河"的故事来诫勉自己。

有两个和尚决定从一座庙走到另一座庙，他们走了一段路之后，遇到了一条河。由于前段时间的一阵暴雨，河上的桥被冲走了，但现在河水已退，身强力壮的他们可以涉水而过。

这时，一位漂亮的妇人正好也走到河边。她说有急事必须过河，但她很怕被河水冲走。第一个和尚立刻背起妇人，涉水过河，把她安全送到对岸。第二个和尚接着也顺利地过了河。

两个和尚默不作声地走了好几里路，第二个和尚终于忍不住对第一个和尚说："按照规矩，我们和尚是绝对不能近女色的，刚才你为何犯戒背那妇人过河呢？"

第一个和尚淡淡地回答说："我在好几里路之前就把她放下来了，可是我看你到现在还背着她呢！"

恩瑞克在他所写的《百事称王》一书中，不断地告诫自己：要学习第一个和尚勇于任事的行为，而不要像第二个和尚一样，那么轻易就被一个成规束缚住。

美国南北战争时期，伊莱·惠特曼与北方政府签订了两年内提供一万支来复枪的合同。当时造枪工艺十分落后，工人都是自己手工制作全部零件，再装配成枪支。由于效率极低，第一年仅生产出500支枪。为此，伊莱·惠特曼急得像热锅上的蚂蚁一样，天天彻夜难眠。有一天，他猛然想到，既然每支枪上的零件都是一样的，为何非得一个人造一支枪，而不是制造一个零件，然后再由专人组装成一支枪呢？他立即将自己的想法付诸实施，将他的兵工厂改为流水作业批量生产，即把整个造枪工作简化为若干工序，让每一组成员只负责一道工序。结果，效率和质量大幅度提高，生产成本急剧下降。伊莱·惠特曼不仅如期完成合同，而且因首创标准化互换原则，促进了美国工业乃至世界工业的迅速发展，被誉为“标准件之父”。

所以，要想成功，首先就要在思考模式上突破传统思维的框框，不因循守旧，不墨守成规。只有这样，你的思维才会特别活跃，你的才智才会充分发挥，才有可能获得成功。

“坏”孩子有大作为

古今中外，听话、守规矩的人大有人在，可都随着历史的尘沙消失无踪了，而那些不守规矩、特立独行的“坏”孩子，却往往大有作为，青史留名。

比如世界首富、举世闻名的美国微软公司总裁比尔·盖茨，从小就是一个不守规矩、与众不同的“坏”孩子。

盖茨从小孤僻、自闭、独来独往，12 岁时他就因不爱和其他小孩交往，常常一连发呆几个小时而让父母担心。他当年的一位同学回忆道："他那时很讨人厌，总是很自信，还特别好斗，而且聪明得可怕。人们一想到盖茨就觉得他有可能会拿诺贝尔奖，但他一点儿也不懂礼貌。"

在哈佛，盖茨依然不算好孩子。他无法抵抗电脑的诱惑，于是就经常逃课，一连几天待在艾肯计算机中心的电脑实验室里整晚整晚地写程序、打游戏，有时疲惫不堪的他会趴在电脑旁酣然入睡。盖茨的一位同学说，他常在清晨时发现盖茨在机房里熟睡。

在课堂上睡觉也是盖茨常干的事。他的生活极其紧张，三天不睡觉对他来说如同家常便饭。他通常 36 个小时不睡觉，然后倒头便睡上十来个小时。

"他是一位头脑清晰的思考家，但却容易感情用事，他很富有也很幼稚。在控制性情方面，他从未成熟过。"盖茨的一位朋友这样评价他。

盖茨喜欢辩论，但是辩论的时候言语粗鲁，充满讥讽甚至带有侮辱性。在他表达观点时，如果有人激怒他的话，他会暴跳如雷。在成为一个商业巨人后，他依然说话语调尖锐高亢，满口俗话，态度傲慢甚至粗鲁。盖茨有一种发现他人纰漏的惊人能力，在辩论的时候表现尤为突出。一旦发现一个人的漏洞，他就会用他最喜欢的字眼，诸如"傻瓜""疯子"之类将人贬得体无完肤。

由此可以看出，比尔·盖茨从来就不是一个"好"孩子，他不守规矩，行为怪异，处处与众不同。但是他“坏”有“坏”的道理，那就是他从小就不是一个平庸之辈，他有他的抱负和志向。童年时代他就曾经对那时最要好的朋友卡尔·爱德蒙德说：“与其做一株绿洲中的小草，还不如做一棵秃丘中的橡树。因为小草千篇一律，毫无个性，而橡树高大挺拔，昂首天穹。”所以，比尔·盖茨建立了微软公司，成为世界首富。

一个人太守规矩也不是什么优点。尤其是在现代社会，太拘泥于程式、规矩会泯灭自己的创造天性，使自己变成一个平庸的人，无法成就大事业。

很多时候，抛开规矩，抛开思维的固有模式，站在另外一个角度，我们可以获得更多。

陷阱八：随波逐流会限制一个人的发展

谁都不愿意做一个没有主见的人，可是很多时候，尤其是碰到一些需要明确并坚持自己想法的事情时，人们往往会做出随波逐流的选择。原因很简单，就是出于对自己的保护意识，毕竟跟随大多数人能够使自己隐藏起来，“法不责众”嘛！然而，也正是这种随波逐流的想法，断送了许多脱颖而出的机会，从而使你掉进故步自封的陷阱。

人云亦云是一种悲哀

有一则笑话：法基姆到澡堂去洗澡，服务员请他猜个谜语：“请你告诉我，聪明人，这个人是谁？他既不是我的兄弟，也不是我的姐妹，但他却是我父母的孩子。”法基姆想啊想，最后他说：“我不知道。”澡堂服务员笑道：“就是我呀！”法基姆很喜欢这个谜语。他回到家里，便对老婆说：“莎娜，告诉我这个人是谁？他既不是我的兄弟，也不是我的姐妹，但他是我父母的一个孩子。”莎娜答不出来。法基姆笑得几乎透不过气来：“你不知道吗？他就是洗澡堂的服务员呀！”

这则笑话说的就是一个人云亦云的人，听一个人说了什么话，再对另外一个人原封不动地说出来，完全不经过自己的大脑，没有加进任何自己的思想，还以为自己多么了不起。假如只是成为众人笑柄还是小事，现实是，在很多事情上，随波逐流、人云亦云很可能给自己造成极大的损失，那就是一种悲哀了。

几个刚从医学院毕业的学生在一家医院实习，这家大医院将从他们中选出最优秀的实习生留下来做主任医师的助手。在一次大手术完成之后，主任医师突然严厉地对他们说：“怎么少了一个棉球，是不是有人不小心忘到病人身体里面了？”面对医师严厉的面孔，学生们和周围的护士都吓了一跳，一个个面面相觑，小声议论。这时候学生中有个小女孩却异常坚定地说：“不可能，绝对没有错，我看得很清楚，棉球一个都没有少。”这个小女孩叫玛丽，医师更加严厉地盯着她：“你确定没有少吗？”这位主任医师本来就是以严厉闻名的，众人都为玛丽捏了把汗，玛丽的好友偷偷拉了拉玛丽的衣角，希望她能够和大家一样保持沉默。玛丽却直视医师再次坚定地点了点头。医师最后却看着玛丽笑了。他挪开脚，一个棉球赫然在地上。原来这是医师对学生们的考验。后来，只有玛丽赢了，她成了医师得力的助手，并且很快升为医师。

假如玛丽随波逐流，和其他人一样不敢坚持自己的看法，那她就会和其他人一样失去进这家大医院的机会，成为一生的遗憾。人云亦云固然可以使自己躲在人群里避免受到伤害，但同时也使你淹没在人群中难以出头，失去很多机遇。因此，千万不要认为人云亦云可以明哲保身，相反，人云亦云是一种悲哀，是一个陷阱，足以限制一个人的发展，使你的事业停步不前。

真理往往掌握在少数人手里

伟人毛泽东曾经说过：真理往往掌握在少数人手里。这少数人，就是持不同见解者。道理其实很简单，由于随波逐流的

占多数，而凡是随波逐流者，往往或是明哲保身或是没有经过思考，都不能确定自己的真实想法，只是盲目追随大众；而持不同见解者，最起码具有独立思考的能力并敢于坚持自己的想法，不管是对是错，都是一个人智慧的表现。真理往往就会产生在其中，因此真理也就掌握在了这少数人手中。所以说，坚持真理，首先就要学会质疑，不盲从大众。

一位教授给学生讲科学课，题目为“土壤是不是混合物”。他让学生发表自己的看法，并说出自己的依据。

第一个学生说：我认为土壤是混合物，我觉得土壤里有沙、泥土等不同的物质。

第二个学生也说：我也觉得土壤是混合物，因为土壤里还有树叶。

第三个学生也说：我觉得土壤也是混合物，因为土壤里还有动物、植物等腐烂物，还有石子等东西。

看着大家争执不休，于是教授就问道：那认为土壤是混合物的请举手。这时除了有一位学生没举手之外，其他学生都赞同。那位不赞同的学生说：“我通过研究发现土壤里有草根、小石子、沙、蚯蚓、玻璃等。我觉得土壤里如果只有一样东西是混合物，但如果有两样以上的东西，那它就不是混合物。”

学生说完后，老师拍着他的肩膀说：“你真棒！科学研究就是需要像你这样敢于质疑的人。大多数人说的并不一定正确，要敢于坚持自己的意见，敢于质疑。”

后来这位敢于质疑的学生成了有名的科学家。

敢于质疑，就是要用怀疑的眼光看待问题，不要任由别人的思想来影响甚至支配自己。凡事都要思考，用自己的头脑仔细地分析、考虑，分析它的对错，考虑它的轻重。想让自己成为一个出色的人，要让自己的思维走在别人前面，就要用自己独立的思维去思考。

其实每个人都有掌握真理的机会，只是太多人都放弃了它，只会听别人说什么，只会看别人做什么。真理就躺在你手里，而你不去看它，抛弃了它，你又怎么能掌握它？因此盲从所带来的，只能是与真理的背离。

因此，不要以为为多数人所接受的观点就是对的，其实恰恰相反，掌握正确道理的人就像金字塔一样，越到上面人越少，人越多就表示你越处在底层。能够用自己的思维思考问题的人很少，能够用正确的方式去思考的人更少，所以真理往往掌握在少数人手里。

所以，当别人对你说“别人都那样，你为什么不那样”时，你要勇于对他说，并且勇于对自己说：“别人都那样，我为什么要那样？”你有自己的思维，就要拒绝随波逐流，独立地思考，用自己的双手去掌握真理。

主见成就自我

南京大学的一位美国留学生叫苏珊娜。寒假里，苏珊娜随她的女同学张某到张的老家河南农村过年。大年初一，张家准备了一桌丰盛的酒席招待苏珊娜。席上，张父特意以当地名酒款待嘉宾。张父给苏珊娜斟了满满一杯酒，可苏珊娜只是礼貌地举杯，却滴酒不沾。张家问其故，苏珊娜说：“我的家乡在美国西雅图市，当地的法律规定，公民年满 21 岁才能饮酒，我今年才 19 岁，还未到饮酒的年龄。”张家人劝她，“这里是中

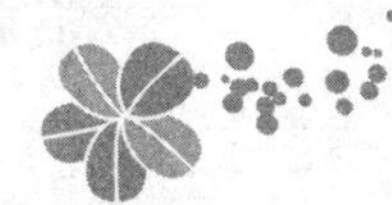

国，不是美国，入乡随俗嘛。再说，没有一个美国人会知道你在中国饮过酒。”苏珊娜却说：“虽然我身在海外，也应该遵守美国法律。名酒的味道很香，但我要学会克制自己，不到法定的年龄，决不饮酒。”

苏珊娜虽然始终没有饮酒，但张家人对这位 19 岁的美国姑娘十分敬佩。

坚持自己的观念，从很大意义上讲就是坚持了自我。一个在观念上随波逐流的人，在社会生活中肯定也没有自己的个性，一个缺乏个性的人，其人生肯定会失色很多。而具有一定成就的人，肯定都有自己的观念并坚持这个观念，从而实现最大价值的自我。

1860 年，林肯作为美国共和党候选人参加总统竞选，他的对手是大富翁道格拉斯。道格拉斯租用了一辆豪华富丽的竞选列车，车后安放了一尊大炮；每到一站，就鸣炮 30 响，加上乐队奏乐，声势之大，史无前例。道格拉斯得意扬扬地说：“我要让林肯这个乡巴佬闻闻我的贵族气味。”很多人都认为一无所有的林肯会因此大受打击，在竞选中失利，因为财富往往是权力最坚实的靠山。可是林肯面对此情此景，一点儿也不惧怕。他没有表现出任何与对手竞争的样子，像平时一样买票乘车，每到一站，就登上朋友们为他准备的耕田用的马拉车，发表这样的竞选演说：

“有人写信问我有多少财产，我有一个妻子和三个儿子，他们都是无价之宝。此外，还租有一间办公室，室内有办公桌一张，椅子三把，墙角还有一个大书架，架上的书值得每个人一读。我本人既穷又瘦，脸很长，不会发福，我实在没有什么可以依靠的，唯一可依靠的就是你们。”

最后的选举结果竟是大富翁道格拉斯败北，林肯获胜，当选为美国总统。

有思维就会思考，能思考就有主见，有主见才能证实自己的与众不同，在人群中作为一个特色鲜明的个体存在，那样才能活得自由并充满乐趣。因为你的主见使得你的价值充分实现，活出自己的不同，才能够活出精彩。

随波逐流是弱者的选择，因为这样你首先就放弃了坚持自己。所以，不要只会学别人，只会随声附和，因为你不是电脑，只会传输别人做好的东西，只会执行别人指示给你的。记住：金字塔永远不会倒过来，真理往往掌握在少数人手里！不盲从，才能保持清醒，才能接近真理，才能有机会感受成功。

陷阱九：避免好心做坏事的尴尬局面

助人为乐是一种美好的品德，但是有时候，好心也会做坏事。帮助别人当然是出于好心，可是不讲究方法地帮助人，有时不但不会对别人有帮助，还会使自己受到伤害。所以，好人做好事的时候，也应该注意选择那种最合理、最正当的方式，以有效避免好心做坏事的尴尬局面，同时避免给自己造成伤害。

做好事也要讲求方法

有这样一则笑话：某人经营花店，一日，有位客人订购了24朵玫瑰，并要求代送。因为是熟客，所以店主就多送了6朵玫瑰。怎料没多久那位客人就打来电话责怪了他。原来那位客人附带送了一张卡片给他的女友，卡片上写着："一朵玫瑰代表一岁，而这些玫瑰就代表了你那花一般的年龄！"

本想着白送几朵玫瑰人家会高兴，可偏偏好心办了坏事。可以想象那位客人的女友收到30朵玫瑰和那张卡片后会有什么反应，至少那位客人受到一番奚落是不可避免的了。所以，即使是送人玫瑰之类的好事，也要弄清楚状况再做。做好事也要讲求方法，否则就有可能帮倒忙，还要把自己搅进去。

一个夏天的周末，天气很热。一位作家正光着上身，只用短裤遮着屁股，伏在书桌上奋笔疾书。

突然，有人大声说："怎么开门呀！"

作家循声来到窗口，伸头一看，原来是隔壁少妇到阳台晾衣服，不小心把阳台的门锁上了。少妇没带钥匙不能进门，而此刻少妇家里也没人。显然是叫天天不应了。作家马上想到一句话："远亲不如近邻。"于是，好心的作家便小心翼翼地攀着两家的阳台，过去帮少妇开锁。过了一会儿锁打开了，少妇对他再三道谢，作家感到帮助了别人自己心里很舒服。

可就在作家原"路"回家时，被楼下上街回来的大爷大妈以及下班族们瞅个正着。于是有人惊叫起来："啊！光天化日之下光着身子，他干吗呢？"甚至有人叫抓贼。少妇见形势不妙，赶紧向大家解释。可没有用，别人都用异样的眼神看着他们。

接着此事就传开了。尽管作家与少妇逢人便解释缘由，但还是流言纷纷。幸好作家的妻子知道丈夫的清高，而少妇的爱人也了解自己妻子的人品，才没有在外面舆论的压力下发生什么尖锐矛盾。最后，作家既无奈又苦恼地说："好心办坏事呐！"

好心办坏事的情况经常出现在我们的日常生活中。帮助别人本来是好事，可事有凑巧，你不讲究一定的方法和原则，就会引起别人的误解，你想帮助别人，结果反而把自己拉下了水。不过，好心办成坏事，毕竟是出于好心，帮人者和被帮助的人都知道事情的真相，不会形成深刻的伤害。可是，如果你遇到的不是一个"人"，而是一条"蛇"，那就真的会害了自己了。

好心不要滥用

一年冬天，连续下了几场大雪，天气非常寒冷。有一位农夫清早出门，发现路边有一条冻僵了的蛇。他想把蛇捡起来救

活它，忽然又想起蛇是会咬人的，就没有去管它。

可善良的农夫还是一边走一边想："蛇是会咬人，可是，如果我救活了它，它总不会咬我吧？好心肯定有好报，我不能不救它。"于是，好心的农夫就转身回去，来到蛇跟前，把它捡起来放进怀里，想用自己的体温使它醒过来。然后，农夫又继续赶路了。

在农夫温暖的怀抱里，蛇慢慢地能活动了。它觉得很舒服，于是动了动身子，张大嘴巴，吐了吐舌头，在农夫的胸口上狠狠地咬了一口。农夫忽然感到一阵剧痛。他连忙解开衣扣一看，原来是被自己救的那条蛇咬了。农夫气极了，抓起蛇，使劲把它摔在地上。

没多久，农夫觉得眼前的一切都变得模糊起来。他知道自己中了蛇毒，快不行了，就叹了口气说："看来蛇的本性是不会改变的。对这样的坏东西，好心是没有用的。我真不该救它。"

《农夫和蛇》的故事，说的是恩将仇报。相信看过这则寓言的人，没有谁想做那位农夫。那位农夫虽然善良，但善良中透着那么点儿愚蠢。其实何止农夫呢？很多善良的人都会犯蠢。因为他们往往分不清楚什么样的人会像蛇一样，你救了他，他反而转过头来咬你一口。所以好心不要滥用，对于一些无可救药的人，即使你用尽心力也不能挽回，那就由他去好了，不要由于好心而害了自己。

提防别有用心的人

善良的人往往心软，看到别人难过就想慷慨地伸出援手。可是，正因如此，善良的人容易被骗，一些别有用心的人会利用他们的善良达到自己不可告人的目的。

刚刚大学毕业的女孩刘美应聘到一家单位工作。没过几天，单位搞了一次大型活动。活动中，业务主管金建好像对她印象特别好，他关切地询问她的基本情况，还要了她的手机号。当天晚上，刘美就收到他的短信，简短的问候背后，刘美感到他好像很忧伤。

第二天中午，刘美又接到金建的电话，金建对她讲起自己的故事："我正和妻子分居，很痛苦。结婚七年来，我的工资卡一直都在妻子手里。而妻子很霸道，不会心疼人，也不会当家理财。我早就想和她离婚了，可是她要我把两幢房子和所有存款都给她，还有儿子也归她，才答应离……"金建的语气又转为忧伤："那样的话，我一离婚，就是穷光蛋！我不甘心！可有时真受不了，明明有婚姻，却总是一个人，我经常睡办公室……"

这时，单纯的刘美感觉这个貌似春风得意的业务主管其实很可怜。于是用语言百般安慰。刘美哪能想到，金建正是看准了她的善良和单纯，她正一步步走进金建设的圈套。

渐渐地，金建开始频频约刘美外出。刘美有时跟他去见朋友，有时陪他去谈生意。看着金建和客户侃侃而谈，业务娴熟，语气坚定，刘美心里慢慢对他升腾起欣赏与钦佩。金建看准时机，及时向刘美表白。他说自己迟早会离婚的，要她放心。"最多两年，不过有点委屈你，因为一离婚我就是穷光蛋了。"说到此处，金建无比惆怅又无比深情地对刘美说："我真幸运，一个穷光蛋还有这么好的女孩子爱我！"

金建的话让刘美伤感，也让她感动。她觉得金建需要她，

他是冬夜，她就是那一炉炭火；他是溺水者，她就是那只及时抛在他面前的救生圈。

可是结果怎么样呢？在金建和刘美来往两个星期后，刘美经不住金建伤感又温柔的攻击，终于随他到宾馆开了房。

之后，金建几乎不再给她打电话，更少找她。刘美很难过，终于有一天主动打电话约金建去唱歌。金建来了。他说："我离婚至少还得两年啊，我真的不想耽误你……刘美，你怎么对我这么好呢？我可没骗你啊！我有钱，但都是老婆的。我可以离婚，但那是以后的事了，而且，我一离婚就是穷光蛋。这些，我可是都对你说过啊……"

后来，他们两个人又一起住了三天。接下来的金建，就变得急于想摆脱刘美，就像当初急于把她追到手一样。

善良的刘美就是由于最初对金建抱有同情，才一步步落到今天的地步。但这还不是最后的结局，最后的结局是：刘美对金建由同情生爱情，她把自己当成救生圈去拯救这个"溺水"之人，换来的是什么呢？这个她爱的人，却让她得了性病……

所以，必须提醒善良的人，尤其是那些涉世未深的年轻人，千万要提防那些别有用心的人，不要让你的善良成为别人攻击你的武器。

世界上好心人很多，好心人都喜欢帮助别人。可是有时候，用不太恰当的方法去帮助别人，虽然是出于好心，最后也有可能办成坏事，别人没帮成还会把自己牵扯进去。假如再碰上一些以怨报德，甚至别有用心的人，那损失就更大了。

当然这并不是说不要去做好事，而是说做好事也要讲究方法。方法对了，利人悦己；方法错了，自己也会成为受害者。

陷阱十：面对失败不要自怨自艾

在生活中，任何人都不可避免地会遇到各种失败挫折。有一句俗话人人皆知：失败乃成功之母。每个人都知道应该从失败中吸取教训并及时地总结经验，利用失败的经验来武装自己，使自己具备更多的经验以有效地应对将来的种种新的挑战。但是，人们往往做不到这些。因为失败毕竟是考验一个人意志的东西，并不是每一个人都能正确地去面对。但是只要换个角度，看到失败的另一面，你就会发现一片新的天地。

不要被失败打趴下

一个小女孩心爱的小狗死了，她趴在窗台上，看窗外的人埋葬她的小狗，忍不住泪流满面，悲恸不已。她的外祖父见状，便对外孙女说："孩子，你开错了窗户。"并连忙引她到另一个窗口，让她欣赏自己的玫瑰花园，果然小女孩的心情豁然开朗。

其实就是这么简单，当遇到失败时，不要沉浸在失败的阴影里，更不要频频回首不堪的往事，因为过去的已经过去，发生的也已经发生了，一切都无法再重来。只要将心房敞开，把目光投向另一扇窗户，也许你的希望就在失败旁边的那一扇窗外。

保罗的祖父留给他一座美丽的森林庄园，不幸的是，由雷电引发的一场山火无情地烧毁了那片郁郁葱葱的森林。伤心的保罗决定向银行贷款用以恢复森林庄园，可是银行拒绝了他的

申请。

保罗茶饭不思，在家躺了好几天，太太怕他闷出病来，劝他出去散散心。保罗走到一条街的拐角处，看见一家店铺门口人山人海，原来是一些家庭主妇在排队购买用于烤肉和冬季取暖用的木炭。看到箱子里的木炭，保罗忽然眼前一亮。回家以后，他雇了几个炭工，把庄园里烧焦的树木加工成优质的木炭，分装成1000箱，送到集市上的木炭分销商手里，然后他拿到一笔不少的钱。第二年春天，他用这笔钱购买了大批树苗，终于使森林庄园重新绿浪滚滚。

失败在给人带来打击的同时，往往也带来了机会，世界上没有彻底的失败，就算把身外的东西都输得一干二净，也还有自身失败的经验。所以不要被失败打趴下，只要保持清醒，就有重新崛起的希望。

失败有可能是一件好事

有一个成语叫“塞翁失马，焉知非福”，讲的是一个老头丢失了一匹马，邻居们认为他遭遇了不幸，于是都来安慰他。这个老头却说也许这是件好事。果然，几个月后，老头那匹丢失的马回来了，而且还带回了另外一匹骏马。老头当初丢了一匹马，现在得到了两匹，当然是坏事变成了好事。

这个故事的寓意非常明显，遭遇失败固然是件坏事情，但它不一定带来想象中那样恶劣的结果，相反有可能是一件好事。只要耐心等待，就可以看到事态的改变。

从前，印度有个国王，他很会治理国家，经常微服出巡了解民情。在他的治理下，印度国泰民安。国王有个很能干的丞相，每当有什么重大事情，他都会先请教这位丞相。

有一天，突然下起雨来，国王外出的计划受阻。国王问他身边的丞相：“这场大雨下得好不好？”“好！大雨一过，街道干净清洁，空气清新。国王您可以享受雨过天晴的美妙景物，又可深入民间巡视民情。”国王听了很高兴。

又有一次，国王要外出巡视，天气非常炎热，热得国王汗流浃背。国王便问丞相：“这样的热天，出门好不好？”丞相不假思索地说：“好！这样的天气是印度近日少有的，国王出巡，将会更加了解我国人民在这种炎热的天气下，到底在做什么。”国王觉得很有道理，便高兴地出门了。

这位国王与丞相都有个共同的嗜好——打猎。国王每次打猎时，只有丞相相伴。

有一次，国王在检查猎器时，不小心被猎器斩断了一截拇指。他赶忙询问丞相：“我的拇指被斩断了一段，好不好？”“好，国王陛下。”国王听后，满腔怒气，认为丞相落井下石，便下令将丞相关起来。

过了两天，国王的“打猎欲望”发作，很想出去打猎，但又碍于面子，不想释放丞相，只好一个人单独骑马去打猎了。

平时，丞相比较熟悉地理环境，因此，经常都是满载而归。那天，国王一个人单独打猎，在森林内追逐猎物。几个钟头下来，不但没能打到猎物，最后还迷了路，竟然闯进了食人族的地盘，成了食人族的猎物。

当晚，食人族把国王绑在一根十字架上，正准备食用的时候，发现国王的拇指只有一截，而他们只吃完整的动物，像国王这种“不完整的动物”是不祥物，于是国王因此得以被释放。

国王劫后余生，非常激动，马上赶回国都，到监牢去拜见丞相。

“现在我才知道为什么你说我断指是件好事，它救了我一命，我错怪了你！”

过后，国王又对丞相说：“我关你在牢里十多天，好不好？”

“好，很好！”

“为什么？”国王不明白。

“陛下，如果您不抓我进监牢，我一定会随您去打猎，我们都会被食人族抓去。您可以因为断指而保全性命，但我必死无疑。因为我很完整啊！”

一时间，国王茅塞顿开，领悟了一个道理：每件事都有其两面性，是好，是坏，都在于自己怎么看待。

失败也是一样，遭遇失败不一定就是祸事，耐心等待，也许马上就会出现转机。

做个乐观者

父亲欲对一对孪生兄弟做“性格改造”，因为其中一个过分乐观，而另一个则过分悲观。一天，他买了许多色泽鲜艳的新玩具给悲观的孩子，又把乐观的孩子送进了一间堆满马粪的车房里。

第二天清晨，父亲看到悲观的孩子正泣不成声，便问：“为什么不玩那些玩具呢？”

“玩了就会坏的。”孩子仍在哭泣。

父亲叹了口气，走进车房，却发现乐观的孩子正兴高采烈地在马粪里掏着什么。

“告诉你，爸爸。”孩子得意扬扬地向父亲宣称：“我想马粪堆里一定还藏着一匹小马呢！”

乐观者与悲观者之间，其差别是很有趣的，乐观者看到的是油炸圈饼，悲观者看到的是一个窟窿。面对失败时，乐观者会认为这是对自己的考验，是对自己意志的磨炼，从而更加勇敢地前进，把曾经的失败当作教训，甚至当作动力；而悲观者则认为失败证明了自己的无能，既然失败了，那就证明自己是不适合做这件事的，就是再努力也无济于事，于是趁早放弃。

乐观者看到的是失败的积极一面，悲观者则只看到消极的一面。而大量事实证明，成功几乎都属于那些乐观看待失败的人。

在爱迪生发明白炽灯之前，曾经尝试了很多种灯丝的材料，最后终于找到了钨丝。

有人问他“如何看待此前的失败尝试”，爱迪生回答：“我没有失败过，我只是证明了哪些材料不适合做灯丝。”

在别人眼里，爱迪生曾经的尝试也许就是失败的，而在他看来，却是成功，因为没有经过这些尝试，他就不能找到钨丝成功地发明白炽灯。所以说，凡事都有两面，而失败的另一面就是成功，关键看你怎么看待。悲观者看到的失败，也许由乐观者看来就是成功。

任何事情从不同的角度去看便有不同的结果，我们为何不多看积极的一面呢？有句话说得好：“失败的另一面是成功。”既然如此，我们就要记得输要输得潇洒，不要把自己深埋在失败的阴影中，掉进自怨自艾的陷阱。换个角度去看，失败并不如我们想象中的惨痛，也许成功已经包含在其中。

陷阱十一：正确理解为难你的人

人的一生中会遇到各式各样的人，有呵护你的亲人朋友，有热爱你的恋人伴侣，有尊敬你的下属晚辈……这些人对于你来说都有着重要的意义，你会选择珍惜并回报他们的感情。但如果对方是一个为难你的人呢？你是选择怨恨还是感激？相信现实中大多数人会选择前者，既然他为难我，凭什么我还要感激他？其实不然，看待为难你的人也要分情况，有时候，为难你的人恰恰是在帮助你，是你的贵人。

当众拥抱你的敌人

“当众拥抱你的敌人”这是件很难做到的事，因为绝大部分人看到“敌人”都会有灭之而后快的冲动，若环境不允许或没有能力消灭对方，至少也会保持一种冷淡的态度，或说一些让对方不舒服的嘲讽话，可见要拥抱敌人是多么难。

就因为难，所以人的胸怀城府才有高有低，有大有小，也就是说，能当众拥抱敌人的人，他获得的成就往往比不能拥抱敌人的人要高。

此话怎讲？

能当众拥抱敌人的人总是站在主动的位置，采取主动的人能“制人而不受制于人”。你采取主动，不只迷惑了对方，使对方搞不清你对他的态度，也迷惑了第三者，搞不清楚你和对方到底是敌是友，甚至有误认你们已“化敌为友”的可能。可是，是敌是友，只有你心里才明白，但你的主动却使对方处于

“接招”“应战”的被动态势，如果对方不能也“拥抱”你，那么就是他心胸狭窄，一经比较二人的分量立即有轻重。

所以当众拥抱你的敌人，除了可在某种程度上降低对方对你的敌意外，也可避免恶化你对对方的敌意，换句话说，为敌为友之间，留下了一条灰色的地带，免得敌意鲜明，反而阻挡了自己的去路与退路；地球是圆的，天涯无处不相逢。

此外，你的拥抱动作也将使对方失去再次攻击你的立场，若他不理睬你的拥抱而依旧攻击你，那么他必招致他人的遣责。

而最重要的是，一旦你做了出来当众拥抱敌人这个动作，久而久之会成为习惯，让你和人相处时，能容天下人、天下物，出入无碍进退自如，这正是成就大事业的本钱。

所以，竞技场上比赛开始前，二人都要握手敬礼或拥抱，比赛后一样再来一次，这是最常见的当众拥抱你的敌人。另外，政治人物也惯常这么做，明明是恨死了的政敌，见了面仍然要握手寒暄……

事实上，要当众拥抱你的敌人并不如想象中之难，只要你能克服心理障碍，你可以这么做：

（1）在肢体上拥抱你的敌人，例如拥抱、握手。尤其是握手，这是较普遍的社交动作，你伸出手来，对方好意思缩手吗？

（2）在言语上拥抱你的敌人，例如公开称赞对方、关心对方，表示你的“诚恳”，但切忌过火，否则会造成反面效果。

为什么强调“当众”呢？做给别人看嘛，如果私下“拥抱”，那不是双方言归于好，就是你向对方投降。“当众”拥抱，表面上不把对方当“敌人”，但心底怎么想又有谁看得明白呢？

难度即是高度

一位音乐系的学生走进练习室。在钢琴上，摆着一份全新的乐谱。

“超高难度……”他翻着乐谱，喃喃自语，感觉自己对弹奏钢琴的信心似乎跌到谷底。已经三个月了！自从跟了这位新的指导教授之后，不知道为什么教授要以这种方式整人。勉强打起精神，他开始用自己的十指奋战、奋战、奋战……

指导教授是个极其有名的音乐大师。授课的第一天，他给自己的新学生一份乐谱。“试试看吧！”他说。乐谱的难度颇高，学生弹得生涩僵滞、错误百出。“还不成熟，回去好好练习！”教授在下课时，如此叮嘱学生。

学生练习了一个星期，第二周上课时正准备让教授验收，没想到教授又给他一份难度更高的乐谱，“试试看吧！”上星期的课教授也没提。学生再次应对更高难度的技巧挑战。

第三周，更难的乐谱又出现了。同样的情形持续着，学生每次在课堂上都被一份新的乐谱所困扰，然后把它带回去练习，接着再回到课堂上，重新面临两倍难度的乐谱，却怎么都追不上进度，一点儿也没有因为上周练习而有驾轻就熟的感觉。学生感到沮丧和气馁，越来越不安。教授走进练习室，学生再也忍不住了，他必须向钢琴大师提出这三个月来何以不断为难自己的质疑。

教授没回答他的问题，只是抽出最早的那份乐谱，交给了学生。“弹奏吧！”他以坚定的目光望着学生。

不可思议的事情发生了，连学生自己都惊讶万分，他居然可以将这首曲子弹奏得如此美妙、如此精湛！教授又让学生试了第二堂课的乐谱，学生依然表现出超高水准的技巧……演奏结束后，学生怔怔地望着老师，说不出话来。

“如果，我任由你表现最擅长的部分，可能你还在练习最早的那份乐谱，就不会有现在这样的程度……”钢琴大师缓缓地说。

作为教授，严格要求自己的学生，毋庸置疑是想让学生进步得更大些。同样地，那些给我们的学习、工作施加压力的人，实际上恰恰能够鞭策我们前行，挖掘出我们自己都难以想象的潜能。因为人的本性是懒惰的，往往习惯于待在自己最舒适的区域，表现自己所熟悉所擅长的那些方面，由此养成了更深的惰性。所以，我们就需要那些为难我们的人。他们给我们看似紧锣密鼓的工作挑战，以及难度不断提高的环境压力，其实正是这些挑战和压力在不知不觉间锻炼了我们更高的能力。

因此，为难我们的人，给我们提供的难度正是发展自己所要达到的另一个高度，恰恰就是他们给了我们前进的动力。

很多事情就是这样，为难你的人并不是刻意和你过不去，而是用他的严格来要求你，使你认识到自己的不足，然后加以改进，不断提升自己，他是对你负责，才会为难你。认识到这一点，我们怎能不对为难自己的人心存感激？

真诚才会提出自己的意见

前中国对外经济贸易合作部部长龙永图在中国入世谈判时曾选过一位秘书。当龙永图选该人当秘书时，全场哗然，因为这个人根本不适合当秘书。在众人眼中，秘书都是勤勤恳恳、

少言寡语的，而且做事谨慎，对领导体贴入微。但是龙永图选的秘书，处事完全不一样。他是一个大大咧咧的人，从来不会照顾人。每次龙永图和他出国，都是龙永图走到他房间里说，请你起来，到点了。对于日程安排，他有时甚至不如龙永图清楚。原本 9 点的活动，他却说是 9 点半，经过核查，十次有九次他都是错的。但为什么龙永图会选他当秘书呢？因为龙永图是在谈判最困难的时候选他当秘书的。当时由于谈判的压力大，龙永图的脾气也很大，有时候和外国人拍桌子，回来以后一句话也不说。每次龙永图回到房间后，其他人都不愿自讨没趣到他房间里来，唯有那位秘书，每次不敲门就大大咧咧走进来，坐到龙永图的房间就跷起腿，说他今天听到什么了，还说龙永图某句话讲得不一定对等等，而且他从来不叫龙永图为龙部长，都是“老龙”，或者是“永图”。他还经常出一些馊主意，被龙永图骂得一塌糊涂，但他最大的优点就是禁骂。无论怎么骂，他 5 分钟以后又回来了“哎呀，永图，你刚才那个说法不太对”。

这位秘书是个学者型的人物，他对很多事情不敏感，人家对他的批评他也不敏感，但是他是世贸专家，他对世贸问题简直像着迷一样，所以在龙永图脾气非常暴躁的情况下，在龙永图当时难以听到不同声音的情况下，那位敢于为难他、能够提出逆耳忠言的秘书对龙永图就显得分外重要了。

一个精于世故的人是不会允许自己轻易得罪人、为难人的，只有真诚的人才会直接说出自己的意见，尤其对于领导来说，能够提出不同意见的下属是值得珍惜的。

在生活、工作、学习中，我们难免会碰到一些为难自己的人，他们看上去好像故意和你过不去，这个时候你一定不要心生怨恨，只要想一想为什么他要这样对待你，这个为难你的人是不是在用这种方式提醒你有什么地方没有达到某个标准，或者是业务上或者是做人上。要记住：严师出高徒。为难你的人正是对你要求严格，正是在帮助你，正是你的严师，而不理解为难你的人，才会让你掉进怨恨的陷阱。

坦然面对遭人怀疑

现实生活中不乏这样的现象：一个人为社会和他人做了一件好事，理当受到人们的夸奖和赞誉，不料却迎来一些人怀疑的目光，甚至会听到这样的议论："他的动机纯吗？"

对此，您也许会不屑一顾，走自己的路，让人家去说吧！也许您会觉得自尊心受到伤害而陷入深深的痛苦之中，又一时难以自拔。因为是同学、同乡、朋友，一块参加工作，由于主客观因素所致，有的可能进步快一些，有的可能慢一些；有的原来是自己的下级，后来却成为自己的顶头上司；有的成了某领域的"明星"，出人头地，领尽风骚，有的却仍旧默默无闻，被无情的生活搁置一旁。按说，这是合乎规律的差异，人与人之间的竞赛不可能也不应当总是停留在同一条起跑线上。但是，这里也有人们认识上的误区，于是，很自然地会引发出一些朋友的猜测与非议：

"他为什么能受到如此宠爱？想必也是凭走后门、找靠山、拉关系爬上去的。"

显然，这是一种偏见。但倘若您果真遇到此类情况，应该如何处置才好？

生活的常识告诉我们，人与人之间之所以会产生怀疑，原因是多方面的。有的是由于一时的误解，缺乏沟通与解释，进而形成了对某件事情的疑点；有的是由于性格脾气的差异，缺乏相互间的包容与默契，逐渐引发了对对方的不信任情绪；有的是由于嫉妒心的缠绕，由此而产生了对朋友的疏远甚至恶意；有的是由于心胸狭小，为人疑神疑鬼，处事患得患失，对人产生怀疑那是很自然的事；有的由于心理变态，而又缺乏及时的诊断与治疗，因此，对反感的人和事，均投以疑虑的目光；有的是由于自己清高，唯我独尊，缺乏自知之明，对周围的人和事总觉得不可思议。如此等等，都可能产生上述现象。当然，怀疑也有其另一面，并非都是贬义词。

如果说人与人之间在社会生活中容易产生怀疑是一件难以完全避免的事情，那么，您面对客观存在着的这一现象，既不应当回避它、惧怕它，也不应当视而不见，听而不闻。正确的态度是要承认它、认识它，科学地对待它。

首先，“没做亏心事，不怕鬼叫门”，去掉自己的一份疑心，被人怀疑的事情也许就会减少一些。面对他人的怀疑，您的任务首先不是指责与疏远，倒不妨先问一问自己：我怎么知道他在怀疑我，或者我是不是无意间夸大了他人对自己怀疑的程度？事实上，大凡疑心比较重的人，也往往容易产生被人怀疑的错觉。说得干脆一点儿，您的这种感觉在好多情况下是由自己的不健康心理引起的，或者说，别人还没有怀疑您，您却感受到了别人怀疑的威胁。于是，苦恼、惭愧、忧郁、不安等便会接踵而来，这实在是一件自讨苦吃的事情。对此，有的朋友也明明知道自己的毛病，但又苦于跳不出这个泥淖。这种情况怎么办？大家都知道“疑邻窃斧”这个成语故事，只要邻居找到斧子就不会怀疑您了，您不妨开朗些。

要允许别人的怀疑。怀疑并非都是恶意，有的朋友每每感受到别人的怀疑，总是火冒三丈，气不打一处来，认为这是小人之心，是专门对自己过不去。这种心情虽然可以理解，但态度却不足取。事实上，对怀疑也应当全面理解，不要一股脑儿往坏处想。有人说，怀疑也是一种矛盾，如果没有了怀疑，那么，丰富多彩的世界也会黯然失色。平心而论，在实际生活中，怀疑有恶意的，也有善意的。重要的在于我们应当学会怎样从怀疑中汲取营养。有人说：怀疑是一位老师，它可以使您得到引导；怀疑是一面镜子，它可以帮您照到不足。比如，您在想问题、做计划、办事情时，不可能那么十全十美，无一纰漏。当朋友对您的某个观点、某种方法提出疑点时，您首先应当想到这是对您的关心和支持，人家是为了把事情办好才向您提出的。想到这些，您也许就不会把怀疑视为一种恶意的威胁了。当然，在有些时候善恶是难以一时分清的，这也不要紧。希望您能够本着善意的态度去对待别人的怀疑。

当然，最好能尽量避免他人对您产生疑心。面对怀疑的挑战，从战略上讲，您既应当有随时接受怀疑挑战的心理准备，又要有防患于未然的强烈心理意识，即尽量减少被人怀疑的机会，主动说明情况，最好能用事实回答。实际上，在生活中您所感受到的怀疑，在很多情况下是由于对方对您的误会引起的。对此，您只要主动热情，心平气和地找对方谈一谈，说明原委，疑心就可以消除了。但有的时候，仅有此举还是不能完全奏效的，尤其是对那些疑心比较重的人来说，莫过于用事实说话了。比如，有人怀疑您生活不够检点，您可以用一尘不染、两袖清风的事实予以回答；有人怀疑您不守信用，您可以用“言必信，行必果”的实事来证明；有人怀疑您分亲疏远近，您可以用一视同仁、与人为善的行动去表现；有人怀疑您不诚实，您可以用“说老实话，办老实事，做老实人”的格言来约束自己的一言一行、一举一动。且不说您还没有这方面的毛病，即便有那么一丁点儿，只要能按上边说的那样去做了，久而久之，别人的怀疑也会逐渐消除。

最高明的办法是用真诚去换取信任，切不要犯“以毒攻毒”的错误。人与人之间相处，莫过于真诚的可贵。有了真诚就能赢得信任。如果您对别人的怀疑也采取怀疑的态度，以疑对疑，那么，怀疑非但不能消除，还会产生新的不信任情绪。他怀疑您偷了斧子，您怀疑他诬陷好人，短兵相接，针锋相对，其结果只能是扩大裂痕，说不定，即使人家已经找到了斧子，还会对您耿耿于怀呢！

陷阱十二：不要陷入无法自拔的挫折之中

挫折，对于任何人来说都不陌生。不管你在什么地方，是何等身份，都难免有事与愿违的时候，有时甚至会遭受重创。可是，遇到挫折时，有的人心灰意冷，认定上天不公或者自己无能，从此一蹶不振，有的人却能够洒脱地一笑而过，把挫折当作一次历练，以后更加努力以跨越这样的坎坷。其实，遭遇挫折并不是一件坏事，它既可以锻炼我们的意志，又可以增长我们的见识，使自己的阅历和韧性都得到提升。关键就看你能否正确面对，走出因挫折而无法自拔的陷阱。

钻出挫折的阴影

人生中，经常会遇到很多来自外部的打击，但这些打击究竟会对一个人产生怎样的影响，是成为阴影还是形成鞭策，最终的决定权就在我们自己手中。

祖父用纸给小孙子做了一条长龙。长龙腹腔的空隙仅仅能容纳几只蝗虫，放进去，它们都在里面死了，无一幸免！孙子很惊讶，问祖父蝗虫怎么不爬出来呢？祖父说：“蝗虫性子太躁，除了挣扎，它们没想过用嘴巴去咬破长龙，也不知道一直向前可以从另一端爬出来。因而，尽管它有铁钳般的嘴巴和锯齿一般的大腿，也无济于事。”祖父又把几只同样大小的青虫从龙头放进去，然后关上龙头，奇迹出现了：仅仅几分钟，小青虫们就一一地从龙尾爬了出来。

其实，这个故事的道理很简单，当我们遇到挫折时，就像

被放入了一条纸龙，挫折所带来的阴影笼罩在周围，使我们看不到外面的世界，身陷其中。许多人走不出这个阴影，并非因为他们的个人条件天生比别人要差多远，而是因为他们没有想到要将纸龙咬破，也没有耐心慢慢地找准一个方向，一步步地向前，直到眼前出现新的洞天。

在一个贸易洽谈会上，一个中年人和一个小伙子住在一家高级酒店的 38 楼。小伙子俯瞰下面，觉得头有点眩晕，便抬起头望着蓝天，站在他身边的中年人关切地问："你是不是有点恐高症？"

小伙子回答说："是有点，可并不害怕。"接着他说起小时候的一桩事："我是山里走出来的娃，那里很穷，每到雨季，山洪暴发，一泻而下的洪水淹过了我们放学回家必经的小石桥，老师就一个个送我们回家。走到桥上时，水已没过脚踝，下面是咆哮着的湍流，看着心慌，不敢挪步。这时老师说：'你们手扶着栏杆，把头抬起来看着天往前走。'这招真灵，心里没有了先前的恐惧，也从此记住了老师的这个办法。在我遇上险境时，只要昂起头，不肯屈服，就能穿过去。"

中年人笑笑，问小伙子："你看我像是寻过死的人吗？"小伙子看着面前这位刚毅果断、令他尊敬的副总裁，一脸的惊异。中年人接着说下去："我原来是个坐机关的，后来弃职做生意，不知是运气不好还是不谙商海的水性，几桩生意都砸了，欠了一屁股的债，债主天天上门讨债，6 万多元啊！这在那时可是一笔好大的数字，这辈子怎能还得起！我便想到了死，我选择了深山里的悬崖。我正要走出那一步的时候，耳边突然传来苍老的山歌，我转过身来，远远看见一个采药的老者，他注视着我，我想他是以这种善意的方式打断我轻生的念头。我在边上找了片草地坐下来，直到老者离去后，我再走到悬崖边，只见下面是一片黝黑的林涛，这时我倒有点后怕，退后两步，抬头看着天空，希望的亮光在我大脑里一闪，我重新选择了生。回到城市后，我从打工仔做起，一步步走到了现在。”

其实，在我们每个人的一生中，随时都会和他们两位一样碰上湍流与险境，如果我们低下头来，看到的只会是险恶与绝望，在眩晕之中失去了生命的斗志，使自己坠入地狱里，而我们若能抬起头，不论是将纸龙咬破还是找准方向前行，都可以重新看到一片辽阔的天空。

钻出挫折的阴影，你就会看到充满希望的明天，更有信心用双手去构筑出一个新的天堂。

正确对待困境

有一天，素有森林之王之称的狮子，来到了天神面前：“我很感谢您赐给我如此雄壮威武的体格、如此强大无比的力气，让我有足够的能力统治整片森林，可是尽管如此，每天鸡鸣的时候，我总是会被鸡鸣声给吓醒。神啊！祈求您，再赐给我一个力量，让我不再被鸡鸣声给吓醒吧！”

天神笑道：“你去找大象吧，他会给你一个满意的答复的。”

狮子于是兴冲冲地跑到湖边找大象，还没见到大象，就听到大象跺脚所发出的“砰砰”响声。

狮子加速跑向大象，却看到大象正气呼呼地跺着脚。

狮子问大象：“你干吗发这么大的脾气？”

大象拼命摇晃着大耳朵，吼着：“有只讨厌的小蚊子，总想钻进我的耳朵里，害得我都快痒死了。”

狮子离开了大象，心里暗自想着：“原来体型这么庞大的大象，还会怕那么瘦小的蚊子，那我还有什么好抱怨的呢？毕竟鸡鸣也不过一天一次，而蚊子却是无时无刻不在骚扰着大象。这样想来，我可比他幸运多了。”

狮子一边走，一边回头看着仍在跺脚的大象，心想：“天神要我来看看大象的情况，就是想告诉我，谁都会遇上麻烦事，而他并无法帮助所有人。既然如此，那我只好靠自己了！反正以后只要鸡鸣时，我就当作鸡是在提醒我该起床了，如此一想，鸡鸣声对我还算是有益处呢！”

在人生的道路上，无论我们走得多么顺利，但只要稍微遇上一些挫折，就会习惯性地抱怨老天亏待我们，进而祈求老天赐给我们更多的力量，帮助我们渡过难关。但实际上，老天是最公平的，就像它对狮子和大象一样。困境虽然会给人带来困扰，但它们也有其存在的正面价值。所以，从另一个角度来看，困境即是上天的赐予，只要正确对待，困境也会变得对自己有利。

经历风雨方能见彩虹

“宝剑锋从磨砺出，梅花香自苦寒来。”只有经历过挫折的人，才能够更加勇往直前，才能够冲破一切障碍，登上人生的高峰。

一天，有个人看到树上有一只茧开始活动，好像有蛾要从里面破茧而出，于是他饶有兴趣地准备见识一下由蛹变蛾的过程。

但随着时间一点点过去，他变得不耐烦了，只见蛾在茧里奋力挣扎，将茧扭来扭去的，但却一直不能挣脱茧的束缚，似乎是再也不可能破茧而出了。

最后，他的耐心用尽，就用一把小剪刀，把茧上的丝剪了一个小洞，让蛾出来可以容易一些。果然，不一会儿，蛾就从茧里很容易地爬了出来，但是它身体非常臃肿，翅膀也异常萎缩，耷拉在两边伸展不起来。

他等着蛾飞起来，但那只蛾却只是跌跌撞撞地爬着，怎么也飞不起来，又过了一会儿，它就死了。

原因是，飞蛾在由蛹变茧时，翅膀萎缩，十分柔软；在破茧而出时，必须要经过一番痛苦的挣扎，身体中的体液才能流到翅膀上，翅膀才能充实有力，才能支撑它在空中飞翔。

“不经历风雨，怎能见彩虹”，每个人的成功都不是轻而易举就能实现的，任何逃避挫折的做法都是见识短浅的行为，那只飞不起来的飞蛾的经历就证明了这一切。因为不经历挫折，就得不到锻炼，就无处获得宝贵的经验教训，就无法使自己的能力得到提升。因此，面对挫折时，我们要做的应该是珍惜，因为挫折是上天赐予我们最好的礼物。

一次挫折，就是一个新的已知条件，只要愿意，任何一次挫折，都会成为一个超越自我的契机。遭遇挫折，如果你灰心丧气，一蹶不振，那就是放弃了锻炼自己的机会，错过了提升自己的时机，所以，遭遇挫折，不灰心丧气，用坚强意志战胜挫折，就不会陷入无法自拔的挫折的陷阱。

陷阱十三：懂得付出、吃亏是明智之举

社会发展，人与人之间渐失淳朴，只多了赤裸的竞争、无端的猜疑以及精明的算计。算来算去，谁也不愿意让自己吃亏，谁也不能够为别人全心付出。于是，那些情愿付出、吃亏的人成为别人口中的“傻瓜”。然而，傻瓜有傻瓜的道理和信念，这样的“傻瓜”比不“傻”的人更聪明、更可爱、更可贵。

“傻瓜”的价值

“傻瓜”当然不傻，他们只是乐于助人，只是愿意为别人牺牲自己，只是能够付出自己的真心。这样的傻瓜是金子，到任何地方都会闪光，因为他们的品行是无价的。

艾伦原是一家小公司的一名小职员，他天性热情，乐于助人，对他一生影响深远的一次职务提升是由一件小事引起的。

一个星期六的下午，一位有名的律师（其办公室与艾伦的同在一层楼）走进来问他，现在从哪儿能找到一位速记员来帮忙——他手头有些工作必须当天完成。艾伦告诉他，公司所有速记员都去观看球赛了，如果晚来 5 分钟，自己也会走。但艾伦同时表示自己愿意留下来帮助他，因为“球赛随时都可以看，但是工作必须在当天完成”。

做完工作后，律师问艾伦应该付他多少钱。艾伦开玩笑地回答：“哦，既然是你的工作，大约 1000 美元吧。如果是别人的工作，我是不会收取任何费用的。”律师笑了笑，向艾伦表示谢意。

艾伦的回答不过是一个玩笑，并没有真正想得到1000美元。但出乎艾伦意料，6个月后，在艾伦已将此事忘到了九霄云外时，那位律师却找到了艾伦，交给他1000美元，并且邀请艾伦到自己的公司工作，薪水比现在高出1000多美元。

艾伦只不过是在一个周六的下午，放弃了自己喜欢的球赛，多做了一点事情。最初的动机不过是出于乐于助人的愿望，结果它不仅为自己增加了1000美元的现金收入，而且给自己找到一项比以前更重要、收入更高的工作。

就是这种“傻瓜”品质帮助了他。无论在哪里，这样的“傻瓜”都是让人称颂的。

早年，喜马拉雅山南麓很少有外国人涉足。后来，有许多日本人慕名到这里观光旅游，据说这是源于一位少年的闪光品行。一天，几位日本摄影师请当地一位少年代买啤酒，这位少年为之跑了3个多小时。第二天，那个少年又自告奋勇地再替他们买啤酒。这次摄影师们给了他很多钱，但直到第三天下午那个少年还没回来。于是，摄影师们议论纷纷，都认为那个少年把钱骗走了。第三天夜里，那个少年却敲开了摄影师的门。原来，他只购得4瓶啤酒，尔后，他又翻了一座山，蹚过一条河才购得另外6瓶，返回时摔坏了3瓶。他哭着拿着碎玻璃片，向摄影师交回零钱，在场的人无不动容。这个故事使许多外国人深受感动。后来，到这儿的游客就越来越多。

按照人们的看法，这个少年无疑就是一个“傻瓜”，不但对于到手的钱没起任何觊觎之心，甚至为了给这些并不相识的人买几瓶啤酒翻山越岭，最后由于任务完成得不好还心存愧疚，这种“傻子”真是“傻”到骨子里，太少见了。

可就是这种“傻”，让人们看到了这个少年的诚信，并由此带动了当地的旅游事业。就是这样的一个“傻瓜”，相信他长大后不论和什么人打交道，做什么事情，都会坚守自己的原则，并因此得到别人的尊敬，受益终生。

一个工程师爱上了一个女大学生，向她求爱。女大学生回避他，因为她已经有了男朋友。但工程师还是送鲜花，向她表白。女大学生的男朋友担心结局不妙，竟主动中断了与女大学生的关系。

不久女大学生又结识了另一个男朋友。工程师得知后写信给这个男朋友说：“我是世界上唯一能以全身心爱她的人，而这一点你做不到。”这个男朋友也退出了竞争。女大学生向法院起诉，控告工程师跟踪、恐吓、侵犯人权等，法院当庭判处工程师 45 天拘役。

当原告、被告一起走出法院大门时，工程师对女大学生笑了笑说：“亲爱的，45 天后我再来找你。”

女大学生终于被工程师扑不灭的爱情之火和坚强的自信所打动，要求撤诉，两人终成伉俪。

这个故事里的工程师为了爱情坚持到底，即使对方有了男友甚至把他告上法庭也不放弃，这无疑也是一种“傻”，傻到将自己的处境置之度外，用全部身心去爱一个人，并最终赢得了真正的爱情。

上面故事里的几个人是现实生活中几种不同的“傻瓜”，他们的“傻”是难能可贵的真性情，这种“傻”为他们赢得了好的工作、别人的尊敬以及美好的爱情。

走出自己建造的房子

有一位老木匠准备退休，他告诉老板说，他要离开建筑行业，回家与妻子儿女享受天伦之乐。老板舍不得他的好工人走，问他是否能帮忙再建一座房子，老木匠答应了。但是大家后来都看得出来，他的心思已经不在工作上，他用的是软料，出的是粗活。老木匠想，反正这座房子不论建得怎样，之后我都是要走的了，不用再由于害怕被老板炒鱿鱼而费尽心机。可是，当房子建好的时候，老板却把大门的钥匙交给了他。

“这是你的房子，”老板说，“这是我送给你的礼物。”

这时的老木匠震惊得目瞪口呆，羞愧得无地自容。如果他早知道是在给自己建房子，他绝对不会这样的。由于他的敷衍应付，原本可以得到一座结实的大房子的他，现在只拥有了一座粗制滥造的房子！

我们又何尝不是这样，在需要付出真心做事的时候投机取巧，为了不成为那种吃亏上当的“傻瓜”，用世俗和自私建造一座粗制滥造的破房子，然后把自己的内心掩藏在里面，以为已经能够遮风挡雨，却不知道这间自己建造的破房子已经磨损了真心，使自己得不偿失。

从前有一个人，他在沙漠中迷失了方向，饥渴难忍，濒临死亡，可仍然拖着沉重的脚步，一步一步地向前走，终于找到了一间废弃的小屋。这间屋子已久无人住，风吹日晒，摇摇欲坠。在屋前，他发现了一个汲水器，于是使尽全力抽水，可扔滴水全无。他气恼至极。这时他发现旁边有一个水壶，壶口被木塞塞住，壶上有一张纸条，上面写着：“你要先把这壶水灌进汲水器，然后才能打到水。但是，在你走之前一定要把这壶水装满。”他小心翼翼地打开壶塞，果然里面有一壶水。

这时，这个人面临着艰难的抉择，是不是该按纸条上所说的，把这壶水倒进汲水器里？如果倒进去之后汲水器不出水，岂不是白白浪费了这救命之水？相反，要是把这壶水喝下去就能暂保自己的性命。可是，假如纸条上所说是真的，那他喝掉了这壶水，这里的汲水器也就失去了意义，不能再搭救以后和他一样即将渴死的人。一种奇妙的灵感给了他力量，他决心照纸条上说的做，将水壶里的水倒进了汲水器，果真汲水器中涌出了泉水。他痛痛快快地喝了个够！休息一会儿，他把水壶装满，在纸条上加了几句话：“请相信我，纸条上的话是真的，你只有把生死置之度外，才能尝到甘美的泉水。”

汲水的人走出了那间自私的心房，因此他不但得到了超过一壶水几倍的救命水，还获得了精神世界甘霖的滋润。他受惠，然后他付出，继续让另外的人受惠，这是种比一个人享受美妙得多的滋味。

因此，走出自己建造的那个自我的房间，不避讳做一个能够吃亏、甘愿付出的“傻瓜”，就会走进一片更加宽广的天地，赢得从未有过的尊敬和自己的充实。

要记得：热情、诚实、善良永远都是美好的品德，美好的东西都拥有无比的力量，相信自己，相信这个世界的美好是永恒的。与其做社会大机器里一枚无情的铁钉，不如成为美丽星空中一颗闪光的小星星。收起对世风日下的嘘叹，不妨做一个真诚的“傻瓜”。不懂得付出、吃亏才是陷阱。付出会让你更充实，吃点亏会让你很快乐。

聪明人和傻子的区别

花了一辈子来研究人的潜力之后，伟大的心理学家阿弗瑞德·安德尔说，人类最奇妙的特征之一就是“把负变为正的力量”。正是同样的想法，已故的西尔斯公司董事长襄利亚斯·罗山涅说：“如果有个柠檬，就做一杯柠檬水。”威廉·波里索则在他的一本书中说得更详细：“生命中最重要的一件事就是不要把你的收入拿来算作资本，任何一个傻子都会这样做，真正重要的事是从你的损失里获利。这就需要有超凡的智慧和胆略才行，而这一点也正是一个聪明人和一个傻子之间的区别。”

有人说：“弥尔顿很可能就是因为瞎了眼，才能写出更好的诗篇来；而贝多芬是因为聋了，才能谱出更好的曲子；海伦·凯勒之所以能有光辉的成就，也就是因为她的瞎和聋。”这句话看似谬论，但仔细想想还是有一定的道理。

横跨曼哈顿和布鲁克林之间河流上的布鲁克林大桥是个令世人钦佩的机械工程奇迹。1883 年，富有创造精神的工程师约翰·罗布林雄心勃勃地意欲着手设计这座雄伟的大桥，然而桥梁专家们却劝他趁早放弃这个天方夜谭般的计划。罗布林的儿子华盛顿·罗布林也是一位很有前途的工程师，他确信大桥可以建成。父子俩夜以继日地构思着建桥的方案，琢磨着如何克服种种困难和障碍。他们设法说服银行家投资该项目，之后他们怀着不可遏制的激情和无比旺盛的精力，组织工程队，开始施工建造他们梦想中的大桥。然而大桥在开工仅几个月，施工现场就发生了灾难性的事故。约翰·罗布林在事故中不幸身亡，儿子华盛顿·罗布林的大脑严重受伤，无法讲话也不能走路了。谁都以为这项工程会因此而泡汤，因为只有罗布林父子才知道如何把这座大桥建成。然而尽管华盛顿·罗布林丧失了活动和说话的能力，但他的思维还同以往一样敏锐。一天他躺在病床上，忽然大脑一闪念想出一种能和别人进行交流的密码。他唯一能动的是一根手指，于是他就用那根手指敲击他妻子的手臂，通过这种密码方式由妻子把他的设计和意图转达给仍在建桥的工程师们。整整 13 年，华盛顿·罗布林就这样用一根手指发号施令，直到雄伟壮观的布鲁克林大桥最终落成。

柠檬的确太酸，不能称作美味。但是，如果把柠檬做成柠檬水，却可使它比任何甘甜的果汁饮料更能润人心田。在奥古斯特·瑞奈生命的最后十年中，他因病已足不出户，但是仍然忍着剧痛画个不停。当人们问他为什么时，瑞奈简单地回答道：“把美留下，痛苦就会远去。”

陷阱十四：想做大事不要忽视“小事”

人活一辈子，谁都不甘心庸庸碌碌、平平凡凡地从头走到尾，谁都希望能够做出一番惊天动地的大事，仿佛只有这样，这一生才活得更有价值。其实，从古到今，做了大事的人也就史书上屈指可数的那几个，绝大多数的人都是默默无闻的平头百姓，而这些普通的百姓就是在做不完的小事中一代代繁衍生息，使得这个社会一步步发展到今天。所以，人并不是生来做大事的，手边的小事比幻想中的那些大事更有意义。很多的“大事”恰恰是一些“小事”成就的。一心就想做大事，而忽视“小事”才是陷阱。

不要小看小事

几乎每一个人，都在有意无意地等待着被委以重任，做一番大事来施展抱负、尽显才华。这当然无可厚非。可现实是，这样的机会很少，生命中的每一天我们所做的依然还是那些微不足道的小事。这时，很多人开始自怨自艾、怨天尤人，由此对待平凡琐碎的事情，缺少热情，敷衍了事。殊不知，机会就在这些无谓的嗟叹中悄悄地溜走了。

孔老夫子说“席不正不坐”“割不正不食”。意思是，位子摆得不端正就不去坐，食物切得不整齐就不去吃。按理说这都是小得不能再小的事，这位拥有三千弟子的孔圣人偏偏如此注重，为什么呢？因为“注重细节”是这位名学大儒所奉行的行为准则。所谓“窥一斑而见全豹”，说的就是从妥善处理点

滴小事的过程中，一个人的能力及工作态度就可能被其他人认可，优良的个人形象也会在潜移默化中建立起来，反之亦然。就好像露珠虽小，但是折射出的却是整个世界。从这些小事中，就能看到一个人的内心世界，从而决定一个人的机会。

比如，开会时，有人开着手机，不停地外出接电话；有人不停地吸烟，把会议室搞得乌烟瘴气；领导在台上讲话，他却在下面津津有味地看小报或不停地窃窃私语。这样的人在工作中往往缺少认真的态度。还有的人经常犯小错；上班经常迟到；对别人的帮助不说一句感谢的话；在下级遇到困难向你求教时，不但不帮助解决，反而用粗暴、简单的话推卸本应该承担的职责；几个小时不在办公室里，却仍然开着空调……这些小事看似不起眼，却反映了一个人的素质，同时正因为小，往往容易为大多数人所忽视，但久而久之，积少成多，就会影响到一个人的前途，甚至决定一个人终生的成败。

因此，不要小看小事，某些时候，小事却具有决定性的力量。例如在谈判中，一个错误的用语，也许就会让你痛失快要到手的合同，反之，几句真诚中肯的话，也许会给对方留下良好的印象，从而带来合作的机遇。所以，妥善地将小事处理好就代表着一种永不懈怠的处世风格，这是一个人成功的资本。要追求成功，就要从小事开始努力，只要重视，只要想做，人人都可以做到。

有小事才能成就大事

一只新组装好的小钟放在了两只旧钟当中。两只旧钟“滴答”“滴答”一分一秒地走着。

其中一只旧钟对小钟说：“来吧，你也该工作了。可是我有点担心，你走完3200万次以后，恐怕就吃不消了。”

“天哪！3200万次！”小钟吃惊不已，“要我做这么大的事？办不到，办不到。”

另一只旧钟说：“别听他胡说八道。不用害怕，你只要每秒滴答摆一下就行了。”

“天下哪有这样简单的事情。”小钟将信将疑，“如果这样，我就试试吧。”

小钟很轻松地每秒钟“滴答”摆一下，不知不觉中，一年过去了，它已经摆了3200万次。

这个小故事说明的正是“不积跬步，无以至千里。不积细流，无以成江海”的大道理。成功看起来是一件很遥远的大事，就像那只小钟一样，以为摆3200万次是一件无法实现的大事，殊不知一秒秒、一天天地积累下来，这件大事很简单地就完成了。所以，大事从来都不是一蹴而就的，大事是由小事不断积累的，大事需要小事来成就。

一位著名的推销大师，即将告别他的推销生涯，应行业协会和社会各界的邀请，他将在城中最大的体育馆做告别职业生涯的演说。

那天，会场座无虚席。大幕徐徐拉开，舞台的正中央吊着一个巨大的铁球。那位老推销员在人们热烈的掌声中走了出来，站在铁架的一边。他邀请台下的两位年轻人上来，请他们用一个大铁锤，去敲打那个吊着的铁球，直到把它荡起来。

一个年轻人抢着拿起铁锤，拉开架势，抡起大锤，全力向那吊着的铁球砸去，一声震耳的响声，铁球一动也没动。他就

用大铁锤接二连三地砸向吊球，很快他就气喘吁吁了。另一个人也不示弱，接过大铁锤把吊球打得叮当响，可是铁球仍旧一动不动。这时，老人从上衣口袋里掏出一个小锤，然后认真地，面对着那个巨大的铁球。他用小锤对着铁球"咚"敲了一下，然后停顿一下，再一次用小锤"咚"敲了一下。人们奇怪地看着，老人就那样"咚"敲一下，然后停顿一下，就这样持续地做。

10 分钟过去了，20 分钟过去了，会场早已开始骚动。老人仍然一小锤一停地工作着。大概在老人进行到 40 分钟的时候，坐在前面的一个妇女突然尖叫起来："球动了！"霎时间会场鸦雀无声，人们聚精会神地看着那个铁球。那球以很小的摆度动了起来，老人仍旧一小锤一小锤地敲着，吊球在老人一锤一锤的敲打中越荡越高，它的巨大威力强烈地震撼着在场的每一个人。终于，场上爆发出一阵阵热烈的掌声。

这个故事提醒我们，要做成大事，首先要有一种做小事的耐心和兴趣。把小事做好了，大事的成功也将不远。不是有句话说"小事做到极致，就成了大事"吗？

不要轻视任何一件小事

做好小事可以成就大事，而大事有时也可以毁在一件小事上面。"千里之堤，溃于蚁穴"，正是这个道理。

一位勇者发誓要排除万难攀登一座高峰。在众人期待的目光中，他出发了。然而，他最终却没能不孚众望实现理想，他放弃了。出人意料的是，使他放弃的原因只是鞋中的一粒沙。在长途跋涉中，恶劣的气候没有使他退缩，陡峭的山势没能阻止他前行，难耐的孤寂没有动摇他坚定的信念，疲惫与饥寒没有使他畏惧，然而，不知何时他的鞋里落入了一粒沙。起初他并没在意，他原本有时间和机会把那粒沙从鞋里倒出来的，可是在我们的勇士眼中，它实在是太微不足道了。的确，比起勇士所遇到的其他困难来讲，那粒沙的存在简直可以忽略不计。然而越走下去那粒沙越是磨脚，每走一步都伴随着锥心刺骨的疼痛，他终于意识到这粒沙的危害。他停下脚步，想要清除沙粒，但是却惊异地发现，他的脚已经被这粒沙磨出了血泡。沙被清除出去了，可是伤口却因感染而化脓。最后，除了放弃他别无选择。

这位勇者的遭遇令人惋惜，鞋底一粒微不足道的细沙居然毁掉了他的壮举。这个故事告诉我们：不要轻视身边的任何一件小事，即便是再简单不过的工作，也要把它做到完美、极致，别让一粒沙成为成功的阻碍。

还有这样一个故事：一位老板与外商洽谈业务，同外商一起用餐后，在会客室准备签合同。这时，这位老板因为牙缝里有碎屑而感觉到不舒服，就用牙签剔起牙来，还不时把碎屑随处乱吐。这一切被外商看在眼里，并使本来就有些犹豫的他立刻放弃了与这位老板的合作意向。事后，外商说，一家企业的领导人这样不拘小节，我怀疑他是否能管理好一家企业。就这样，一个不良的小动作在不经意间影响了一笔大生意。

像这样因小失大的事情在工作、生活中屡有发生，所以注意细节是成功者的必备准则。否则，我们平时兢兢业业地工作，就在卓有成效、成功已经指日可待的时候，却可能因为一时的疏忽麻痹而与唾手可得的成功失之交臂，由于一次失误而

使从前所做的种种努力都付之东流，岂不是悔之晚矣。

古语道：“大海不择细流，故能成其大；泰山不拒细壤，方能就其高。”这个看似简单明了的道理，却往往被人们忽略。因为人们津津乐道的是“抓大放小”，对那些所谓的小事不屑顾及，殊不知。很多的“大事”恰恰是一些“小事”成就的。同时，小小蚁穴可以毁掉千里长堤，忽视“小事”，也可能给你带来无可挽回的损失。所以，一心想做大事，而忽视“小事”是陷阱。

陷阱十五：把“不可能”变成可能

世上没有绝望的处境，只有对处境绝望的人。这个世界上没有绝对“不可能”的事情，只要心存信念，总有奇迹发生。人生可以没有很多东西，却唯独不能没有信念。信念就是力量，有信念之处，生命就充满生机。人不要一味地依据过往的经验，就判断什么是不可能的，就很容易掉进成见的陷阱，从此裹足不前。殊不知事情是不断变化的，也许曾经的不能成功只是客观条件所限，并不是自己能力不及。

每一个人，从降生的那一刻起，就好像站在了一条坎坷之路的起跑线上，之后几十年的生命历程，无一例外地将会面临忧伤、烦恼、苦痛，甚至绝望。绝望时，仿佛一切都没有了颜色，什么事情都变得不可能实现。实际上，世界上没有不可能发生的事情，只有心存不可能想法而拒绝尝试的人。只要心存希望，然后努力去做，任何不可能都会变成可能。

世上没有绝对的“不可能”

第二次世界大战结束后，德国的土地上到处是废墟。

美国社会学家波普诺带着几名随行人员到实地察看。他们看到了许多住在地下室的德国居民，而后，波普诺就向随行人员问了一个问题：

“你们看这样的民族还能够振兴起来吗？”

“难说。”一名随行人员随口答道。

“他们肯定能！”波普诺非常坚定地给予了纠正。

“为什么呢？”随行人员不解地问道。

波普诺看了看他们，又问：“你们去每一户人家的时候，看到了他们的桌上都放了什么？”

随行人员异口同声地说：“一瓶鲜花。”

“那就对了！”波普诺说，“任何一个民族，处在这样困苦的境地还没有忘记爱美，那他们就一定能在废墟上重建家园！”

这件事情足以引起我们的思考。处在废墟中的人们，失去了家园，没有任何财产，连起码的生存都无法保障，却没有忘记鲜花，没有放弃寻找美，也就没有放弃希望。那么，他们重新振兴的目标也就一定能够实现。因此，对于一个有信心并敢于尝试的人来说，绝对不可能的事情并不存在。

有一条小河从遥远的高山上流下来，经过了很多个村庄与森林，最后它来到了一片沙漠。它想：我已经越过了重重障碍，这次应该也可以越过这片沙漠吧！当它决定越过这片沙漠的时候，它发现自己的身躯渐渐消失在泥沙当中，它试了一次又一次，总是徒劳无功，于是它灰心了。

“也许这就是我的命运，我不可能到达传说中的那片浩瀚的大海了。”它颓丧地自言自语。

这个时候，沙漠说话了：“如果微风可以跨越沙漠，那么河流也可以。”

小河却不自信地回答说：“那是因为微风可以飞过沙漠，可是我却不行。”

“因为你坚持你原来的样子，所以你永远也无法跨越这片沙漠。你必须让微风带着你飞过这片沙漠，到你的目的地。只要你愿意改变你现在的样子，让自己蒸发到微风中。”沙漠用低沉的声音这么说。

小河从来不知道有这样的事情。“放弃我现在的样子，那么不等于是自我毁灭了吗？这真的可以吗？”小河问。

“微风可以把水汽包含在它之中，然后飘过沙漠，到了适当的地点，它就把这些水汽释放出来，于是就变成了雨水，然后这些雨水又会形成河流，继续前进。”沙漠很有耐心地回答。

于是小河鼓起勇气，投入微风张开的双臂，消失在微风中，让微风带着它，穿过沙漠，奔向大海。

对于一条小河来说，穿过沙漠看似一件不可能实现的事情，但是它勇敢地改变了自己，并坚信一定能够达到目标，最终将不可能变成了可能。所以说，世界上没有绝对不可能的事情，而心存希望并坚持去做的人才是令人敬佩的。

信念造就奇迹

将不可能的事情变成可能，有时候就是奇迹。奇迹的创造需要信念的支撑，因为信念是一种无坚不摧的力量，当你坚信自己能办成某件事情时，你必能成功。

有一个“飞翔的蜘蛛”的故事：一只黑蜘蛛在两檐之间结了一张很大的网。从这个檐头到那个檐头，中间有一丈多宽，第一根线是怎么拉过去的？难道蜘蛛会飞？原来，蜘蛛走了许多弯路——从一个檐头起，打结，顺墙而下，一步一步向前爬，小心翼翼，翘起尾部，不让丝沾到地面的沙石或别的物体上，走过空地，再爬上对面的檐头，高度差不多了，再把丝收紧，每一根丝都是如此。

蜘蛛并不会飞翔，但它却能够把网凌结在半空中，而且它的网制得精巧而规矩，八卦形地张开，仿佛得到神助。奇迹就是由这样的执着者创造的。

美国作家欧·亨利在他的小说《最后一片叶子》里讲了这样一个故事：病房里，一个生命垂危的病人从房间里看见窗外的一棵树，叶子在秋风中一片片掉落下来。病人望着眼前的萧萧落叶，身体也随之每况愈下，一天不如一天。她说："当树叶全部掉光时，我也就要死了。"一位老画家得知后，用彩笔画了一片叶脉青翠的树叶挂在树枝上。

最后一片叶子始终没有掉下来。只因为生命中的这片绿，病人竟奇迹般地活了下来。不可能的事情由于信念的存在而变成可能。

一位心理学家做过一个试验：将两只大白鼠丢入一个装了水的器皿中，它们会拼命地挣扎求生，一般维持的时间是八分钟左右。然后，他在同样的器皿中放入另外两只大白鼠，在它们挣扎了五分钟左右的时候，放入一块可以让它们爬出器皿的跳板，这两只大白鼠得以爬出来。若干天后，再将这对大难不死的大白鼠放入同样的器皿，结果真的令人吃惊：这两只大白鼠竟然可以坚持二十四分钟——三倍于一般情况下能够坚持的时间。

这位心理学家解释其原因是：前面的两只大白鼠因为没有逃生的经验，它们只能凭自己的体力来挣扎求生；而有过逃生经验的大白鼠却多了一种精神的力量，它们相信在某一个时刻，一块跳板会救它们出去，这使得它们能够坚持更长的时间。

这种精神力量，就是信念。信念造就奇迹，不可能的事情都可以在信念的力量下变成可能。

世上没有绝望的处境，只有对处境绝望的人。这个世界上没有绝对“不可能”的事情，只要心存信念，总有奇迹发生。人生可以没有很多东西，却唯独不能没有信念。信念就是力量，有信念之处，生命就充满生机。

将不可能从你的字典里删除，相信一切皆有可能。用积极的心态面对困境。上苍会更欣赏那些内心总是充满希望的人。

绝望的隔壁是希望

在一次战争中，一位将军被敌人俘虏了，他被关在一间单人囚室里。

那段时间阴雨绵绵，引得身陷囹圄的将军心情更加阴郁：敌人将如何处置我？是流放还是处死？我此生还有没有机会见到远在故国的妻儿？我还能不能重整旗鼓、东山再起？一切都太遥远了。这样想着想着，他被一股绝望的情绪控制了，与其这样忍辱偷生，还不如在墙上一头撞死痛快。

于是他拼足所有的力气，一头向牢墙撞去。可就在他的头和墙碰撞的那一瞬间，奇迹出现了：牢墙被他撞出了一个洞！

原来连日来的阴雨把本就多年失修的牢墙泡软了，软得经不起他这么一撞。将军欣喜若狂，用手在这个洞周围使劲挖，最后把这个小洞挖成了一个大洞。

结果可想而知，通过这个洞，这位绝望的将军顺利逃脱了。

所以，无论遇到什么样的打击，永远不要绝望，不要就此放弃。因为就像蘑菇都喜欢与潮湿为邻一样，希望也偏爱跟绝望为伴。因此，当你遭遇一次空前的打击，绝望光顾了你，不

要心存恐惧，再不敢旧事重提，而要把它当成你的邻居一样去善待。因为，黑夜的邻居是白昼，绝望的隔壁是希望！只要再试一次，也许成功就到了你的手里。

有个年轻人去一家世界知名的大公司应聘，而当时该公司并没有刊登过招聘广告。见总经理疑惑不解，年轻人用不太娴熟的英语解释说自己是碰巧路过这里，就贸然进来了。总经理感觉很新鲜，就破例让他一试。面试的结果令人失望，年轻人的表现很糟糕。他对总经理的解释是事先没有准备，总经理以为他不过是找个托词下台阶，就随口应道："等你准备好了再来试吧。"

一周后，年轻人再次走进那家公司的大门，这次他依然没有成功。但比起第一次，他的表现要好得多。而总经理给他的回答仍然同上次一样："等你准备好了再来试。"就这样，这位年轻人先后五次踏进那家公司的大门，最终被公司录用，成为公司的重点培养对象。

其实，很多时候坚韧也是一种能力，而且是很重要的一种能力。因为任何人都不可能一帆风顺，"人外有人，天外有天"，即使你再才华横溢，也有被击败的时候，假如就此一蹶不振，那满腹才华也就等于被埋葬了。而被击败后能够客观面对自己，敢于在摔倒的地方重新站起来的人，则会得到更多的机会。

美国推销员协会曾经对推销员的拜访做过长期的调查研究，结果发现：48%的推销员，在第一次拜访遭遇挫折之后，就退缩了；25%的推销员，在第二次遭遇挫折之后，也退却了；12%的推销员，在第三次拜访遭到挫折之后，也放弃了；5%的推销员，在第四次拜访碰到挫折之后，也打了退堂鼓；只剩下10%的推销员锲而不舍，毫不气馁，继续拜访下去。结果80%推销成功的个案，都是这10%的推销员连续拜访五次以上所达成的。

由此得出一个结论：一般推销员效率不佳，多半由于一种共同的毛病，就是惧怕客户的拒绝，遭到拒绝后就不敢再去拜访。这样，推销员心里虽想推销产品却始终由于惧怕而裹足不前，纵有满腹知识与技巧也无从发挥。所以，做一个真正的推销员最重要的就是有顽强的耐心，并秉承“精诚所至，金石为开”的原则，不怕拒绝并视拒绝为常事，不会因为遭到拒绝而影响自身的情绪。

荣获日本日产汽车16年销售冠军的奥城良治，每日访问100个潜在客户，永不惧怕客户拒绝。据说这与他童年时的一次宝贵经历有关。童年时，有一次在田埂间看到一只瞪眼的青蛙，奥城良治调皮地向青蛙的眼睑撒了一泡尿，却发现青蛙的眼睑非但没有闭起来，而且还一直张眼瞪着。奥城良治将这段童年经验引申到推销汽车时遭遇客户拒绝上，对待客户的拒绝要像那只被撒尿在眼睑上的青蛙一样，依然张眼面对客户，毫不惊慌失措，这就是他的“青蛙法则”。

由此可见，“隐忍以行，将以有为也。”没有耐心和一定的毅力，没有承受失败的韧性，没有受到打击再来一次的勇气，就不能做到出类拔萃。所以，从哪里跌倒就要从哪里站起，再试一次，是勇敢者的选择；再试一次，你就有可能到达成功的彼岸。

做一艘“大海里的船”

有人问一位智者：“请问，怎样才能成功呢？”智者笑笑，递给他一颗花生：“用力捏捏它。”

那人用力一捏，花生壳碎了，只留下花生仁。

“再搓搓它。”智者说。

那人又照着做了，红色的种皮被搓掉了，只留下白白的果实。

“再用手捏它。”智者说。

那人用力捏着，却怎么也没法把它毁坏。

“再用手搓搓它。”智者说。

当然，什么也搓不下来。

“虽然屡遭挫折，却有一颗坚强的百折不挠的心，这就是成功的秘密。”智者说。

真正成功的人是那些能够面对人生挑战，不断在逆境中求胜，能够从跌倒的地方重新站起来的人。这样的人不怕挫折，跌倒了再爬起，从不轻言放弃。

英国劳埃德保险公司曾从拍卖市场买下一艘船，这艘船1894年下水，在大西洋上曾138次遭遇冰山，116次触礁，13次起火，207次被风暴扭断桅杆，然而它从没有沉没过。

劳埃德保险公司基于它不可思议的经历及在保费方面带来的可观收益，最后决定把它从荷兰买回来捐给国家。现在这艘船就停泊在英国萨伦港的国家船舶博物馆里。

不过，使这艘船名扬天下的却是一名来此观光的律师。当时，他刚打输了一场官司，委托人于不久前自杀了。尽管这不是他的第一次失败辩护，也不是他遇到的第一例委托人自杀事件，然而，每当遇到这样的事情，他总有一种负罪感。他不知该怎样安慰这些遭受了不幸的人。

当他在萨伦港船舶博物馆看到这艘船时，忽然有一种想法，为什么不让那些不幸的人来参观参观这艘船呢？于是，他把这艘船的历史抄下来，和这艘船的照片一起挂在他的律师事务所里，每当有遇到不公平待遇的委托人来请他辩护，无论输赢，他都建议他们去看看这艘船。

因为它使人知道：在大海上航行的船没有不带伤的。

生活就像大海，而人就是在海中航行的船。没有人能够躲避得了所有风浪，谁都会受伤，谁都会遇到麻烦，受到打击，我们要向这艘船学习的就是：受伤再多，但从不会沉没。那些承认人生失利而画地为牢的人就像一艘触礁即沉的船，是永远航行不到成功的彼岸的。

遇到打击，人们的第一反应都是逃避退缩，甚至退到从此之后再不敢接触类似的事情。但退缩不能解决问题，越退你的空间越小。其实，世界上没有过不去的火焰山，勇敢一些，把曾经的失败当作经验，从哪里跌倒就从哪里站起，人生的路才能越走越宽。想一想，什么东西比石头还硬，或比水还软？然而软水却穿透了硬石。这是坚持不懈的结果。

陷阱十六：成功没有捷径

人人都想成功，但成功却只属于少数人。为什么？是那少数人天资优越？还是他们背景雄厚？或者他们就是运气好，不但有机遇还有贵人相助？其实不然，上天对每个人都是平等的，一个人不可能拥有那么多先天优势。我们也不要抱怨自己的运气差，因为他们的成功没有捷径，靠的只是勤奋和汗水。常言道："一分耕耘，一分收获。"不劳而获的事情是不存在的。成功的道路坎坎坷坷，只有勤奋地付出，坚持不懈地走下去，才能成功。

成功，是很多人梦寐以求的，但成功不是那么容易，所以就有许多人想要通过某些捷径来实现自己的梦想。但是成功没有捷径，一个人若想成功，就绝不能离开勤奋。

天道酬勤

人的本性之一就是趋乐避苦，惰性也就如同影子一样时常左右纠缠，烦扰着人的心灵。但正如歌德所说："我们的本性趋向于懒怠。但只要我们的心向着活动，并时常激励它，就能在这活动中感受真正的喜悦。"正因为这样，勤奋的人才能够获得多于别人的成果，没有人能只依靠天分成功。上天给予了人天分，勤奋将天分变为天才。

曾国藩是中国近代史上最有影响力的人物之一，然而他小的时候天赋并不高。有一天他在家读书，对一篇文章重复不知道多少遍了，还在朗读，因为他还没有背下来。这时候家里来了一个贼，潜伏在他的屋檐下，希望等读书人睡觉之后捞点好处。可是等啊等，就是不见他睡觉，还是翻来覆去地读那篇文章。贼人大怒，跳出来说：“这种水平读什么书？”然后将那篇文章背诵一遍，扬长而去！

贼人是很聪明的，至少比曾先生要聪明，但是他却只是个贼，而曾先生却成为毛主席都钦佩的人：“愚于近人，独服曾文正。”

“勤能补拙是良训，一分辛苦一分才。”那贼的记忆力真好，听过几遍的文章都能背下来，但是遗憾的是，他名不见经传。曾先生后来启用了一大批人才，按说这位贼人与曾先生曾有一面之交，大可去施展一二，可惜，他有天赋却没有勤奋，结果变得不知所终。

天道酬勤，伟大的成功和辛勤的劳动是成正比的，有一分劳动就有一分收获，日积月累，从少到多，奇迹就可以创造出来。

反之，即使你有再高的天赋，没有加进自己的辛勤努力，那也是白白浪费。

一位智商一流、持有大学文凭的才子决心“下海”做生意。有朋友建议他炒股票，他豪情冲天，但在办股东卡时，他又犹豫了：“炒股有风险啊，要做好还必须学习其中的规律，以后再说吧。”又有朋友建议他到夜校兼职讲课，他很有兴趣，但快到上课时，他又犹豫了：“讲一堂课，费那么大力气才20块钱，没有什么意思。”

他很有天分，却一直懒得在其他方面发展自己，因此，两三年过去了，他还一直没有“下”过海，碌碌无为。

一天，他到乡间探亲，路过一片苹果园，望见满眼都是长

势茁壮的苹果树，禁不住感叹道："上帝赐予了一块多么肥沃的土地啊！"种树人一听，对他说："那你就来看看上帝怎样在这里耕耘吧。"

无论上帝给了你一片多么优厚的资源，如果不肯去耕耘，不肯去勤奋地开发它，那无论多久都不会长出茁壮的苹果树，更不用说等到硕果满枝的那一天了。

美国洛杉矶伊内斯谷地有一所学生可寄宿的米德兰学校。在那里，学生要为维护学校设施而劳动。他们必须从事园艺劳动和砍柴。他们用烧柴的炉子取暖，自己烧洗澡水，在没有暖气的木屋里上课。他们还要干一些杂活，比如养马、喂猪、挖化粪池等。他们过着一种勤奋的、艰苦的田园式的生活。一些人曾经表示愿意捐款修建豪华的游泳池和体育馆，但都被坚决地谢绝了。因为正是在这种环境下，学生们被锻炼得很勤奋刻苦，适应了繁重的学习任务，许多人通过刻苦学习而进入哈佛、斯坦福或加利福尼亚等名牌大学。

奇迹就在于此，成功 =99％的汗水 +1％的智慧。天道酬勤，勤奋会使人生充满生机，只有勤奋，才能成功。

成功是勤奋加思考

我国妇产医学专家林巧稚曾说过："我所经历的一切都告诉我，唯一的一条可以靠得住的经验就是要勤奋。一勤天下无难事！"

成功来自勤奋的实例古今中外俯拾即是。因为勤奋，安徒生从一个鞋匠成为童话大王；因为勤奋，罗曼·罗兰收获了 20 年心血的结晶《约翰·克利斯朵夫》；因为勤奋，爱迪生才有了1000多项伟大的发明；因为勤奋，爱因斯坦才得以创立震惊世界的相对论；还是因为勤奋，中国古人才给我们留下了悬梁刺股、凿壁借光、囊萤映雪的千古美谈。

可见，勤奋是事业成功的必要前提。而一个能够从勤奋中思考并不断探索的人，能更快地提升自己，实现成功的梦想。

香港首富李嘉诚就是一个以勤奋加思考获得成功的典型例子。

李嘉诚14岁时曾在香港一家茶楼当跑堂伙计。茶楼的伙计每天必须在清晨5时赶到茶楼。为了早起，李嘉诚把闹钟拨快10分钟，每天总是最早一个赶到茶楼。他对来茶楼喝茶的三教九流各色人等注意观察，潜心揣摩，根据茶客的外貌、言语去揣测他的籍贯、年龄、职业、收入和性格等，然后又找机会巧妙地验证。李嘉诚很快便对来茶楼的每一位顾客的消费需求了如指掌：谁爱甜，谁爱咸，谁爱喝红茶，谁爱喝绿茶，谁爱吃鱼，谁爱吃虾，在他的心中清清楚楚。所以什么时候该给哪位顾客上什么食物、提供什么服务，他都做得恰到好处。被他招待的客人都非常满意，成了茶楼的常客，李嘉诚也因此成为茶楼加薪最快的伙计。

比别人快上10分钟是李嘉诚一直保持着的习惯，成为香港首富后，他的手表仍然要比别人快10分钟。快上10分钟是李嘉诚勤奋的行动，他不仅能将这种勤奋持之以恒，而且其中还有不同于常人的习惯，就是在勤奋中不停地探索，在探索中不停地思考。正因为他有勤奋伴随着思考，所以他才能最终获得丰硕的成果。

当代全美首富——微软公司的总裁比尔·盖茨在回答记者

“你成为当今全美首富，个人资产高达550亿美元，成功的主要经验是什么？”的提问时，只有两句话：“一是勤奋工作，二是刻苦思考。”

爱因斯坦也早就说过：“要善于思考，思考再思考，我就是靠这种学习方法成为科学家的。”

勤奋加思考，这就是成功的关键。缺乏思考的勤奋是需要质疑的。著名的现代原子物理学的奠基者卢瑟福与一位研究生的对话就是个例证。

有一天深夜，卢瑟福走进自己的实验室，看见一位研究生仍勤奋地在实验台前工作，就关心地问：“这么晚了，你在做什么？”

“我在工作。”

“那你白天做什么了？”

“白天也在工作。”

“你整天都在工作吗？”

“是的，导师。”研究生谦恭地回答。

卢瑟福略一沉思，然后问道：“你很勤奋，整天都在工作，这自然是很难得的，可我不能不提醒你，你用什么时间来思考呢？”

研究生恍然大悟：“哦，要勤奋，更要会思考。”

所以，要想事业有成，不但要勤奋，而且要思考。其实，勤于思考也是一种“勤”，一个人只有勤于思考，才会有清晰的目标，才会在前进中或者一往无前，或者绕弯而过，或者调头而上。因此，一个人若想成功，只有在勤奋中不断地调整自己，找到最适合自己的定位，才会事半功倍。

成功，是很多人梦寐以求的，但成功不是那么容易，所以就有许多人想要通过某些捷径来实现自己的梦想。其实，若想成功，不用在别处白费力气，只要看准一件事，勤勤恳恳用心去做就行了。伟大的科学家爱因斯坦说过："在天才和勤奋两者之间，我毫不迟疑地选择勤奋，勤奋几乎是世界上一切成就的催产婆。"所以。成功没有捷径，一个人若想成功，就绝不能离开勤奋。

成功并不是想象的那么难

1965 年，一位韩国学生到剑桥大学主修心理学。在喝下午茶的时候，他常到学校的咖啡厅或茶座听一些成功人士聊天。这些成功人士包括诺贝尔奖获得者、某些领域的学术权威和一些创造了经济神话的人。这些人幽默风趣，举重若轻，把自己的成功都看得非常自然和顺理成章。时间久了，他发现，在国内时自己被一些成功人士欺骗了。那些人为了让正在创业的人知难而退，普遍把自己的创业艰辛夸大了，也就是说，他们在用自己的成功经历吓唬那些还没有取得成功的人。

作为心理学的学生，他认为很有必要对韩国成功人士的心态加以研究。1970 年，他把《成功并不像你想象的那么难》作为毕业论文，提交给现代经济心理学的创始人威尔·布雷登教授。布雷登教授读后，大为惊喜，他认为这是个新发现，这种现象虽然在东方甚至在世界各地都普遍存在，但此前还没有一个人大胆地提出来并加以研究。惊喜之余，他写信给他的剑桥校友——当时正坐在韩国政坛第一把交椅上的人——朴正熙。他在信中说：我不敢说这部著作对你有多大的帮助，但我敢肯

定它比你的任何一个政令都能产生震动。

后来这本书果然伴随着韩国的经济起飞了。这本书鼓舞了许多人，因为他们从一个新的角度告诉人们，成功与“劳其筋骨，饿其体肤”“三更灯火五更鸡”“头悬梁，锥刺股”没有必然的联系。

只要你对某一事业感兴趣，长久地坚持下去就会成功，因为上帝赋予你的时间和智慧足够你圆满做完一件事情。后来，这位青年也获得了成功，他成了韩国泛业汽车公司的总裁。

其实，世界上的许多事，只要想做，都能做到，该克服的困难，也都能克服，用不着什么钢铁般的意志，也用不着什么高深的技巧或谋略。只要一个人还在朴实而饶有兴趣地生活着，他终究会发现，成功并不是想象中的那么难。只要你敢做，只要你在做，那成功就是一件水到渠成的事情。

成功并不遥远

成功是个闪着耀眼光华的词，对于一个极其平凡的人来说，成功仿佛海市蜃楼般遥远。其实，怎样才算成功并没有一个具体的标准，主要看你的目标是什么。如果目标不是太大，认准了一件事情，投入时间与热情，然后坚持去做，你就会成功。

所以，目标很重要，一个人对于目标的选择几乎决定了他一生是否能成功。一位国王曾在自己的墓志铭上这样写道：“在我年轻时，我的理想是管理整个世界。当我稍稍懂些事时，我决定先治理好我的国家，到了中年，我想我应该先解决我家庭中的矛盾，当我迈入老年时，我发觉我应该先管理好自己。我常常想，如果当初我颠倒了自己所设立目标的顺序……结果也许不会是这样的。”人的一生中，每一个阶段都有每一个阶段的目标，如果没有意识到这些或者把自己的目标定得超乎现状，那成功就会真的很遥远。但只要你的目标是具体并且合理的，那你就会获得不断的成功，最终实现自己的梦想。

1984年，在东京国际马拉松邀请赛中，名不见经传的日本选手山田本一出人意料地夺得了世界冠军。当记者问他凭什么取得如此惊人的成绩时，他说了这么一句话：用智慧战胜对手。

当时许多人都认为这个偶然跑到前面的矮个子选手是在故弄玄虚。马拉松赛是体力和耐力的运动，只要身体素质好又有耐性就有望夺冠，爆发力和速度都还在其次，说用智慧取胜实在有点勉强。

两年后，意大利国际马拉松邀请赛在意大利北部城市米兰举行，山田本一代表日本参加比赛。这一次，他又获得了世界冠军。记者又请他谈经验。

山田本一性情木讷，不善言谈，回答的仍是上次那句话：用智慧战胜对手。这回记者在报纸上没再挖苦他，但对他所谓的智慧迷惑不解。

十年后，这个谜终于被解开了。山田本一在他的自传中是这么说的：“每次比赛之前，我都要乘车把比赛的线路仔细地看一遍，并把沿途比较醒目的标志画下来，比如第一个标志是银行；第二个标志是一棵大树；第三个标志是一座红房子……这样一直画到赛程的终点。比赛开始后，我就以百米的速度奋力地向第一个目标冲去，等到达第一个目标后，我又以同样的速度向第二个目标冲去。40多公里的赛程，就被我分解成这么几个小目标轻松地跑完了。起初，我并不懂这样的道理，我把我

的目标定在40多公里外终点线上的那面旗帜上，结果我跑到十几公里时就疲惫不堪了，我被前面那段遥远的路程给吓倒了。”

这就是山田本一所说的“智慧”。同样，在现实中，我们做事之所以会半途而废，这其中的原因，往往不是因为事情的难度太大，而是觉得成功离我们太远，确切地说，我们不是因为失败而放弃，而是因为倦怠而失败。

成功其实并不遥远，只要每一段时间都清楚自己有一个怎样的目标，并实现这个小目标，累积起来，成功就会一点点实现。

解读财富“密码”

说起成功人士，人们往往会想到那些拥有花园别墅、进出豪华轿车、一身名牌服饰的“上流社会”人物，对他们既艳羡又感觉高不可攀。其实，成功光环的背后，他们也是平凡的人，甚至在成功之前他们的境况比一般人还要差。不同的是，他们仿佛解读出了财富的“密码”，因而迅速获得成功。

在这方面，我国浙商创造出的奇迹就很能说明问题。

1978年，17岁的义乌女青年周晓光凭着自己的勇气和自信，怀揣母亲借来的几十元本钱，上东北挑着货架卖起了绣花样。她经常白天摆地摊做生意，晚上坐车赶路。就这样，六年之间周晓光竟跑遍了大半个中国，赚了2万元。1985年，周晓光嫁给了同样卖绣花样的东阳人虞云新。婚后，两人拿出了几年来所有的积蓄，在义乌第一代小商品市场里买下了一个摊位。然后，她凭着女人的敏感以及爱美的天性，选定了经营饰品。几年下来，他们在义乌最好的住宅小区买下了新房，在市中心买下了店铺。1995 年 7 月，夫妻俩毅然拿出 700 万元投资办饰品厂，几年时间，这家饰品厂以连续翻番的速度发展。现在，周晓光有了上亿元资产，成为中国饰品行业的“大姐大”。

和周晓光一样，很多浙商的第一桶金都是靠艰辛的血汗挣来的。同样是在 1978 年，一个寒冷的冬日，一位辍学后走街串巷为人补鞋的温州少年后来成为了远近闻名的亿万富豪，他就是正泰集团总裁南存辉。回忆自己充满艰辛与磨难的少年时代，南存辉说了句意味深长的话：“修鞋那阵子，我每天赚的钱都比同行多，我凭的就是自己的速度快，修得用功一点，质量可靠一点。”1984 年，南存辉与刚刚 20 出头的裁缝胡成中合伙，在一间破屋子里建起了一个作坊式的“求精”开关厂。后来这家工厂一分为二，一个是正泰集团，一个就是今天胡成中麾下的德力西集团。

类似的情况也出现在宗庆后身上。1987 年，当 47 岁的宗庆后还拉着平板三轮车奔走在杭州街头推销冰棍的时候，他怎么也不会想到，十多年之后，由他一手缔造的娃哈哈集团会成为中国最大的饮料企业。而他的创业很简单：借款 14 万元创立了一个小食品厂，从卖冰棍起步，靠一种儿童营养液迅速走红。

我们从这些富豪的崛起之路可以解读其财富的“密码”：没有靠山，没有资金支持，全靠自己白手起家；一些农民或者工人具备的品质在他们身上也有所体现，比如节俭、勤劳、精于算计等。除此之外，勇敢的冒险精神和创新精神，也是浙商创富的“基因”。

有“冒险王”绰号的吉利集团董事长李书福，就是冒险创新的典型：从偷偷摸摸搞摩托，到“未婚先孕”搞轿车，再到

搞足球后状告中国足协。在某些人看来，李书福简直有点肆无忌惮，但最令人惊奇的是，这位“中国民营轿车第一人”的拳打脚踢每一次竟然都成功了。有人因此得出结论：李书福的生存空间正是他胆大包天拳打脚踢出来的，正是因为他比别人胆大，他才能抢先一步，抢得竞争先机，才能一步步做大。

就是这样，这些浙商从小做起，把自己的事业一步步做大。最初，没有人会不停地考虑自己的将来是辉煌还是失败，他们只是全身心投入，敢做，并用尽全力去做。

不去想成功，不考虑成功多难，但他们却把成功握在了自己手里。

不敢追求幸福的人永远尝不到幸福的滋味，害怕成功的人永远不能成功。不要认为成功很难，成功很远，鼓足勇气，在最近的地方为自己点起一盏明灯，设定一个目标，只要实现这个小目标你就成功了一点，这样一点一点，路就会越来越宽。只要不懈努力，坚持到底，成功就在不远的前方。

陷阱十七：不要让时间悄悄溜走

世上最长又最短，最慢又最快，最平凡又最宝贵的，无疑就是时间。可是现在很多年轻人觉得自己正处在青春年少的时期，时间有的是，无论做什么事都不紧不慢，甚至把什么事都放到明天，反正明天还有明天。可是，“明日复明日，明日何其多，我生待明日，万事成蹉跎。”时间很快就会在你未及时察觉的时候悄悄溜走，因此我们说，“我有的是时间”是消耗生命的陷阱。

你生命库存中还剩几位数

如果你认为自己有的是时间的话，那就该算这样一笔账：一个人如果活到80岁，那他的时间就是由二十五亿二千二百八十八万秒的十位数组成。那么，到此时为止，你已经在这十位数中提取了几位数，还剩下几位数？

这笔账其实是作家谢冰心先生在自己80岁生日那天算的：

80×365=29000；29000×24=700800；700800×60=42048000；42048000×60=2522880000。

人的一生如果活到80岁，就由这十位数的秒组成，而现在你已有的生命就是已经从中提取的许多时日，这样，在你生命的库存中也许只剩下九位数、八位数，甚至更少。那你是否已经功成名就？即使你只有20多岁，你剩下的时间也并不多，而你要做的事却多得数也数不清……我们在买菜的时候，在消费的时候，在经营店铺的时候，把账算得很细，几元几角几分都清清楚楚，可人生也是经营，我们有限的生命时间更需要计

算，为什么我们不认真地算一算人生这笔账呢？

古人曾说过："一寸光阴一寸金，寸金难买寸光阴。"《长歌行》一诗中也提到："少壮不努力，老大徒伤悲。"朱自清的著名散文《匆匆》讲的也是时间一去不复返，不要虚度光阴。这些都在告诉我们时间的珍贵和不可复得。想一想自己已经度过了多少个日日夜夜，你从自己的生命库存里已提取了几位数，而已提取的那些是清清楚楚还是浑浑噩噩而过？如果是后者，无疑就是浪费生命。

朱自清说："燕子去了，有再来的时候；杨柳枯了，有再青的时候；桃花谢了，有再开的时候，而我们的日子一去不复返。"时间是最珍贵的，因为它走了就永远无法再回来，而对于一个人来说，它的数量也太有限了。

一个公司职员向老板请假，老板对他说："一年 365 天，52 个双休日，减去这 104 天，还剩 261 天，你每天还有 16 个小时不在工作岗位上，减去这 170 天，还剩 91 天，你每天用 30 分钟喝咖啡，用掉 23 天，还剩 68 天，你每天吃饭用 1 小时，用去 46 天，还剩 22 天，你通常每年向公司请 2 天病假，只剩 20 天，每年有 5 个节假日，公司不上班，减去这 5 天，还剩下 15 天，公司每年慷慨地给你放 14 天假，这样算下来，你工作的时间只剩下 1 天，而你还要请这 1 天假。"

这固然是一则笑话，但笑完之后，又令人深思。不论这位老板计算时间的方法是否准确，都足以给人警醒：我们的时间有限，一定要珍惜时间。

人生短暂，我们生命库存里的时间位数在无法改变地一点点变小，我们根本没有多少时间。所以，努力使自己剩下的时间不再被浪费，立一个“把每一天当作生命中的最后一天”的誓言，珍惜每一分每一秒吧。

人的差异在于业余时间

科学大师爱因斯坦说过这样一句话：“人的差异在于业余时间”。我们总认为，人与人不同，这里面有环境、有机缘、有能力、也有性格的差异。怎么在于“业余时间”呢？业余时间对我们每个人意味着休息和充电。

2000 年 8 月 20 日《新华周末》报道，中国人民大学教授王琪延博士带领他的课题组对全国城市居民的生活时间进行抽样调查发现，我国城市居民一周平均每日工作时间为 5 小时 1 分，个人生活必需时间 10 小时 42 分，家务劳动时间 2 小时 21 分，闲暇时间 6 小时 6 分。四类活动时间分别占总时间的 21%、44%、10%、25%。每一天，城市人就是这样度过。十年来，人的闲暇时间增加了 69 分钟，闲暇时间占人生命的 1/3。而我国居民在电视机前每天是 3 小时 38 分，打发掉自己一半的闲暇时光。日本、美国人每天看电视的时间分别为 1 小时 37 分和 2 小时 14 分。

调查结果还显示，本科以上高学历者的终生工作时间是低学历者的 4 倍，收入是其 7 倍以上。学历越高，越重视终生学习，平均日学习时间为 61 分钟。

每个人的业余时间有多少？业余时间如何用？这里大有讲究。当你业余时间比较多时，而且把如此多的业余时间用于打牌、跳舞、闲扯、看电视时，你的收入就像跷跷板，这一头就会低下去。反之收入就会高起来。收入是社会对你的报酬，也

是一个人的价值物化形式。当你的收入渐渐趋于牛市或熊市时，你的生活方式和生活内容也就趋于变化，你的理想和追求与人就大大不同了，这时你自觉不自觉地与他人出现了差异。“人的差异在于业余时间”。这也许是爱因斯坦关于人与时间的又一种表述方式，也是一种深刻的耐人寻味的表述方式。

列宁说：“不会休息，就不会工作。”现在该赋予它时代的新意了。步入信息化社会，拥抱知识经济时代，也必然地要求我们压缩以至挤占业余时间。市场竞争无孔不入。在业余时间，我们都能嗅到一股知识和金钱的气息。曾被美国《时代周刊》评为全球“数字英雄”的搜狐总裁张朝阳博士说：“我就是平凡人，我没有发现自己与别人有什么大的不同。如果说有不同，那就是我每天平均除了 7 个小时睡觉外，其他时间都在工作（思考）。”

据说，成功地研究了第三种血细胞（现称血小板）及其他成就的加拿大医学教育家奥斯勒，为了从繁忙的工作中挤出时间读书，他为自己定下一个制度，睡觉之前必须读 15 分钟的书。不管忙碌到多晚进卧室，就是清晨两三点钟，他也一定要读 15 分钟的书才入睡。这个制度他整整坚持了半个世纪之久，共读了 8235 万字、1098 本书，医学专家成了文学研究家。奥斯勒赋予业余时间以生命的神奇。

你要显示存在的价值吗？你要与人有所差异吗？那么，用好你的业余时间吧！

拒绝做浪费时间的事

做任何事情都应有主次、有轻重，否则就会眉毛胡子一把抓。成大事者从不把精力花在不必要的事情上，以免空耗精力，浪费时间。

有些事情是必须做的，有些是不必做的，而有些是可做可不做的。所以我们要学会拒绝，养成保护有限时间的习惯和做法。

在你想充分利用自己的时间的时候，一定要给自己一个承诺：减少对别人的承诺，不论是对朋友还是家人。如果别人的邀请对你来说是没有吸引力甚至无聊乏味、浪费时间的，你应该学会断然而礼貌地拒绝。

大部分人在整个工作日都很忙，白天工作，晚上总是有一些杂事需要处理，只有周末是能完全由自己支配的。要是这时候，有人要求你去做一些不相干的事，你应该果断地拒绝。北大一位学者在讲他的经历时说："你可以用一些言辞上的技巧，来减少你的承诺，让你可以拥有自己的时间。"因此，你不妨在言词上多下工夫试试看，或许会有效果。

李晓是一位成功的部门经理，具有领导才能而且为人开朗随和。他的缺点是，处理社交问题很不果断。如果有人向他发出邀请，即使他不愿意去，也很难表示拒绝。他总会无奈地想到自己竟不能掌握自己的生活。

在最近一次受到邀请的时候，他正在研究一个有关教育子女的问题。那天晚上他很不想离开家，可是坚决地予以回绝又好像不太礼貌，于是他撒了个小谎，说身体不太舒服，想留在

家里休息。这样他为自己赢得了个轻松安静的晚上。

后来他把可以作为拒绝邀请的理由写在纸上，列成清单放在电话机旁边，在接到那些他不喜欢的邀请的时候，他就随时会有一些合理的理由，委婉地回绝。虽然这样导致了他社交面的减少，但是他丝毫没有为此感到遗憾。他告诉别人，现在不用东奔西跑疲于应酬，让他觉得解脱。现在他有更多的时间去做自己喜欢做的事，他的生活变得简单、轻松、充满乐趣。

学会拒绝，会让你赢得时间，让自己快乐地生活。

不但学会拒绝，有些没必要参加的团体也需退出。从大学开始，身边就会不断有人劝你加入各种各样的团体，而最初的新鲜感很快就会被在定期沉闷聚会时的沮丧所代替。你以为能借此做一些有意义的事情，结交一些活泼有趣的朋友，到头来却发现，除了那些乏味的闲聊之外，什么也没做。不但浪费了钱财和时间，同时一大堆会员的义务和责任套在你头上，让你喘不过气来。这时，你可以按照以下三个标准，选择一下：

（1）出于工作需要必须加入的团体。

（2）出于强烈的兴趣爱好而很想加入的团体。

（3）你从不后悔加入的团体。

把不合标准的团体统统撤去，这样，你再也犯不着为那些无聊的团体而浪费时间了。

青年人应该记住这样的话：我们每个人的生命都是有限的，时间是上帝赋予我们每个人最珍贵、最公平的财富。我们每个人不能无限期地拥有时间，只能在这几十年或上百年的时间里拥有它、运用它。时间既不能储存，也不能逆转。我们要学会更加完美地利用时间。只有懂得用时间来做更多的事的人，只有养成良好的时间习惯的人，才会超出别人，首先取得成功。

生命是由时间组成的。时间虽然无限，但生命却是转瞬即逝的。如何让我们的生命散发出更多的光彩？这就要求我们要懂得“时间”这个词的含义，更要养成良好的时间习惯。

凡事都要即时处理，也就是我们常说的“今日事，今日毕。”依据效率研究专家的说法，在相同的时间内，用相同的劳力做尽可能多的事情的最佳方法就是即时处理。

所谓即时处理，就是凡决定自己要做的事，不管它是什么事，就立刻动手去做，“立刻”这一点至关重要。

立刻动手，这不仅省去了记忆、记载，或从头再来的工夫，而且可以解除把一件事总记挂在心上的思想包袱。

如果有信件需要答复，应看完原信后立即动手写回信。如果拖延几天再写，就得读一次原信，当然就多费了一些工夫。如果有事非得做决定，便立刻做出决定。脑海中一旦闪现出对工作有用的想法和主意时，也马上动手记下来。无论什么事，“再来一次吧”都会造成时间的浪费。诚然，有些事情是需要深思熟虑的，是需要花时间考虑的。但对于不太重要的事或急事，立刻动手去做则是上策。

中国有句格言叫做：“今日事，今日毕。”要赢得时间，必须养成随时学习和工作的作风，不能依赖明日。古人云：“明日复明日，明日何其多；我生待明日，万事成蹉跎。”把握今朝，这应是青年人的学习习惯，也是想要获得成功的人必备的工作习惯。

陷阱十八：想躲也躲不掉的困境

生活并不是一帆风顺的，每个人都会遇到这样或那样的困境。面对困境，逃避是一个人最初也最真实的反应，无法处理无法面对时，那就干脆躲开。其实，这是一种十分消极的做法，因为既然困境已成事实，如果不去设法摆脱，那么它就会一直存在，想躲也躲不掉。这时，积极的心态就成为了解决问题的关键，只要积极面对，就有希望战胜自己，改变现状，重获一片宽阔的天地。

不要让环境改变自己

有一个年轻人总是对爸爸抱怨他的生活，抱怨事事都那么艰难。他说："我真不知道该怎样应付生活，简直要自暴自弃了。我觉得生活和学习的压力已经超过我所能承受的极限，好像一个问题刚解决，新的问题就又出现了。"

年轻人的爸爸是一位厨师，他把儿子带进厨房。他往三口锅里倒入了一些水，然后把它们放在旺火上烧。不久，锅里的水烧开了。他往一口锅里放了一根胡萝卜，第二口锅里放入了一个鸡蛋，最后一口锅里放入的是碾成粉状的咖啡豆。他将它们浸入开水中煮。

大约 20 分钟后，爸爸把胡萝卜捞出来放在一个碗内，把鸡蛋捞出来放入另一个碗内，然后又把咖啡倒在一个杯子里。

做完这些后，他才转过身问年轻人："你看见了什么？"

"胡萝卜、鸡蛋、咖啡。"年轻人回答。

爸爸让年轻人靠近些，并让他用手摸摸胡萝卜。他摸了摸，注意到它们变软了。爸爸又让儿子拿起鸡蛋并打破它，将壳剥掉后年轻人看到这只鸡蛋被煮熟了。最后，爸爸让他饮咖啡。品尝到香浓的咖啡时，年轻人笑了。他问爸爸：“爸爸，这意味着什么？”

爸爸解释说：“这三样东西面临同样的逆境——煮沸的水，但其反应各不相同：胡萝卜入锅之前是强壮的、结实的、毫不示弱的，但在放入开水后，它变软了，变弱了，也就是它完全被环境打败了；鸡蛋原来是易碎的，它薄薄的外壳保护着它呈液体的内脏，但是经开水一煮，它的内脏变硬了，它被环境改变了；而粉状咖啡豆则很独特，进入沸水后，他们反而改变了水。”

这个故事的道理很简单：在艰难和逆境面前，如果你学胡萝卜，那么你将会被自己所处的环境打败；如果你学鸡蛋，那么你也会因环境而改变；如果你学咖啡豆，那么你就可以改变环境。

因此，面对逆境，你可以屈服，也可以在环境中改变，还可以改变环境，这一切的结果只在于你如何选择。

有一位中年人，日子过得很舒心，但他每天坚持晨练，酷暑严寒从不中断。有人认为他对自己太苛刻了。他却说：“人都有一种惰性，一天睡了懒觉，第二天准不想早起，长此以往就会养成睡懒觉的坏习惯。我就是要和惰性‘较劲’，想磨炼出能吃苦的本事。以后，一旦遇上‘沟沟坎坎’就有应付的本钱了！”

这是很浅显的道理，但是很多人都会忽视。遇事不要逃

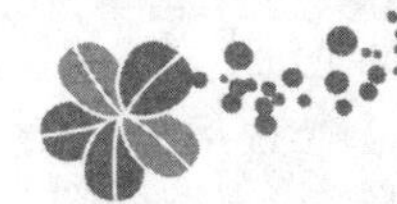

避，逆境中需要坚强，顺利时则必须保持警醒。人不能被环境改变，否则就会成为环境的奴隶，再也找不到原来的自己。

态度可以决定命运

面对同样的环境，不同的人会取得不同的成就，原因也许是多方面的，但个人对待事情的态度占了很大比例。有些时候，一个人的态度甚至可以决定他的命运。

现在有很多人在做销售工作，他们中有做得很出色、收入非常高的，也有越做越差、收入几乎难以维持生计的。其原因就是对待事情的态度不同。比如到了雨季，有人就会感叹，又是雨季，销售量又会减少。因为这些人总是认为，雨天很难去见顾客，出入不方便，这是个消极的看法。积极的人便会说，好啊，下雨了，许多顾客都会待在家里，正是推销产品的好机会。

由此可以看出，当环境无法改变时，我们就要适应环境，学会从中受益，方为上策。以乐观积极的态度看待事物，才不会有损失。

一位大学毕业生到一家电器公司的流水线上当了工人。流水线的工作很简单，但非常繁琐，一天至少要干 12 个小时，有时还加班到凌晨。打螺钉、插线圈、装陶瓷、上灯管……40 多道工序，一人一个位置。单调重复的工作，一坐就是四五个小时，许多人都吃不了这份苦，整天唉声叹气的。不过，这位大学生心想，既来之，则安之，一定要学会所有的工艺，有了经验，还怕找不到好工作？这样一想，心情自然开朗起来，干活也觉得轻松多了。

接下来，只要稍有点空闲，他就到其他工位去学艺，还跑到其他线上去拜师……他把这些繁琐的工作看成是给自己锻炼的机会。由于是抱着快乐的心态去学习，所以，他的进步也很快。经过半个月时间，他就能独立组装出全公司六大类 18 种电暖器产品了。技术到家了，大学生便发挥自己财会专业的特长，针对车间生产管理的漏洞，运用成本会计的知识，趴在床上用了 2 个多小时写了一份近 2000 字的管理建议给老板。老板看完之后，对一个生产工能提出如此翔实的方案有点惊奇，特意到车间找他谈话。老板非常欣赏他的工作态度，让他到车间做助理，协助主管工作，于是，他成了公司唯一的不靠关系直接从线上提拔的“干部”。

在车间工作，他真诚地学习，一方面协调好班组各线工作，另一方面为主管出主意。由于他热情开朗，很受同事喜欢，因此当主管另谋高就时，公司一致决定任命他为车间主管。此时，他才 23 岁，毕业不到一年。

这就是心态的力量。“你不能改变周围的环境，那么就试着改变自己的心境，快乐一点，你的生活每天都会是灿烂的。”这位大学生朴实的话语给人很多启示。面对艰苦的环境，很多人抱怨，很多人懒散，甚至很多人自暴自弃。其实，困难并不可怕，可怕的是自己首先放弃，再不肯努力，那样就真的永无出头之日了。所以说，对待环境的态度可以决定一个人事业的成败，甚至能够决定一个人的命运。

环境是可以改变的

有一家效益相当好的大公司，为扩大经营规模，决定高薪招聘营销主管。广告一打出来，应者如云。

面对众多应聘者，招聘工作的负责人说："相马不如赛马，为了选拔出高素质的人才，我们出一道实践性的试题，想办法把木梳尽量多地卖给和尚。"绝大多数应聘者感到困惑不解，甚至愤怒：出家人要木梳何用？这不明摆着拿人开涮吗？于是纷纷拂袖而去，最后只剩下三个应聘者：甲、乙和丙。负责人交代："以10天为限，届时向我汇报销售成果。"

10天之后，负责人问甲："卖出多少把？"答："1把。""怎么卖的？"甲讲述了历尽的辛苦，游说和尚应当买把梳子，无甚效果，还惨遭和尚的责骂，好在下山途中遇到一个小和尚一边晒太阳，一边使劲挠着头皮。甲灵机一动，递上木梳，小和尚用后满心欢喜，于是买下1把。

负责人问乙："卖出多少把？"答："10把。""怎么卖的？"乙说他去了一座名山古寺，由于山高风大，进香者的头发都被吹乱了，他找到寺院的住持说："蓬头垢面是对佛的不敬，应在每座庙的香案前放把木梳，供善男信女梳理鬓发。"住持采纳了他的建议。那山有10座庙，于是买下了10把木梳。

负责人问丙："卖出多少把？"答："1000把。"负责人惊问："怎么卖的？"丙说他到一座颇具盛名、香火极旺的深山宝刹，香客络绎不绝。丙对住持说："凡来进香参观者，多有一颗虔诚之心，宝刹应有所回赠，以做纪念，保佑其平安吉祥，鼓励其多做善事。我有一批木梳，您的书法超群，可刻上'积善梳’三个字，便可做赠品。”住持大喜，立即买下1000把木梳。得到“积善梳”的施主与香客也很高兴，一传十，十传百，此刹香客更多，香火更旺。

把木梳卖给和尚，听起来匪夷所思，好像是一件无法实现的事情，可是，不同的思维，不同的推销方法，却得到了不同的结果。看似不可能的事情，只要换一个角度换一种思路，就有可能将其转变得对自己有利，再做起来反而得心应手。因此说，环境也是可以改变的，即使无法改变客观条件，我们还可以通过改变主观心态来使一切利于自己。

有一个小孩有口吃的毛病，脑子也比较迟钝，常常受到别人的讽刺，但他并不灰心丧气。他对那些瞧不起他的人说：“今天我反应迟钝没什么成就，但不代表我永远是这个样子。”从此，他每天在天没亮的时候就起来读书，不断地找人来跟他辩论。别人告诉他他的缺点在哪里，他就很虚心地接受。就这样，他不懒不怠，勤学苦练，一直坚持了好多年，最终成了一名很有名气的教授。

由此可见，即使一个天资笨拙的人，只要不放弃，只要勤奋努力，做到“人一能之己百之，人十能之己千之”，那么，你也会变得聪明起来，最后取得骄人的成就，也再不会受到别人的鄙视和讥讽，周围的环境也会因此而改变。相反，如果这个小孩由于口吃迟钝受到别人嘲笑，因而自卑闭塞，那他就会在阴暗的环境里低着头生活，一生都将被罩在阴影里，连正常人的生活都无法拥有，更不用说成为一个令人景仰的著名教授了。

所以说，环境是可以改变的，重要的是看你怎么看待外界

条件以及怎样处理自身态度了。

遇到困境，难免逃避，但要记得，逃避没有用处，因为对于既成的事实，躲是躲不过的。因此，与其消极逃避，在困境中彷徨为难，最终让环境来改变自己，不如积极面对，用智慧努力去改变环境，最起码让环境变得对自己有利。在别人认为不可能的环境中做成别人认为不可能的事，那才是真正的高手。

陷阱十九：不要陷入难以取舍的选择之中

人生有太多的选择，往往让人举棋不定、左右为难，不知该怎样做才是最好的。因为既然是选择，就会得到一些东西，同时失去另外一些东西，人们之所以难以做出选择，就是因为什么都不想失去。

先放好生命中的“大石块”

一天，一位专家为一群商学院学生讲课。他现场做了演示，给学生们留下了一生难以磨灭的印象。专家拿出一个广口瓶放在面前的桌上，随后，他取出一堆拳头大小的石块，仔细地一块块放进玻璃瓶里，直到石块高出瓶口，再也放不下了，他问道：“瓶子满了吗？”所有学生应道：“满了。”专家反问：“真的？”他伸手从桌下拿出一桶小块砾石，倒了一些进去，并敲击玻璃瓶壁使砾石填满下面石块的间隙。“现在瓶子满了吗？”他第二次问道。这一次学生有些明白了：“可能还没有。”“很好！”专家说。他伸手从桌下拿出一桶沙子，开始慢慢倒进玻璃瓶。沙子填满了石块和砾石的所有间隙。他又一次问学生：“瓶子满了吗？”“没满！”学生们大声说。他再一次说：“很好！”然后他拿过一壶水倒进玻璃瓶直到水面与瓶口平。他抬头看着学生，问道：“这个例子说明什么？”一个心急的学生举手发言：“它告诉我们，无论你的时间多么紧凑，如果你确实努力，你可以做更多的事！”“不！”专家说，“那不是它真正的意思。这个例子告诉我们：如果你不是先放大石块，那你就再也不能把它放进瓶子里。那么，什么是你生命中的大石块呢？与你的爱人共度时光，你的信仰、教育、梦想，或是和我一样，教育指导其他人？切记先去处理这些‘大石块’，否则，可能你一辈子都不能再有得到它们的机会。”

同样的空间，选择放置不同的东西，按照怎样的顺序放置，结局会大相径庭。但最重要的就是，“大石块”一定要排在第一位。所以，当你面临选择，不知如何是好时，一定先要记得拿起自己生命中的“大石块”，比如自己的信仰、做事的原则等，先把“大石块”放好，才能更好地处理剩下的事情，才能继续做出不令自己后悔的选择。

选择自己想要的

有时某些事情摆在面前，即使你不想做决定，也必须有所取舍，所以很多时候选择是很无奈的。这时你可以顺其自然，只要选择自己想要的，并对自己所做的选择负责，也就足够了。

有三个人要被关进监狱三年，监狱长允许他们每人提一个要求。美国人爱抽雪茄，要了三箱雪茄。法国人最浪漫，要了一个美丽的女子相伴。而犹太人说，他要一部与外界沟通的电话。三年过后，第一个冲出来的是美国人，嘴里鼻孔里塞满了雪茄，他大喊道：“给我火，给我火！”原来他忘了要打火机。接着出来的是法国人，只见他手里抱着一个小孩子，美丽女子手里牵着一个小孩子，肚子里还怀着第三个。最后出来的是犹太人，他紧紧握住监狱长的手说：“这三年来我每天与外界联系，我的生意不但没有停顿，反而增长了200%，为了表示感谢，我送你一辆劳施莱斯！”

这个故事告诉我们，选择自己想要的东西很重要，因为什么样的选择决定什么样的生活。故事中的三个人现在的生活是由三年前的选择决定的。美国人选择雪茄，可惜的是忘记了要打火机，不然他三年时间吞云吐雾肯定也很享受，所以美国人选择的是享受每一天的生活；法国人选择美丽的女人，身边娇妻相伴，膝前儿女嬉戏，其乐融融，他选择了生活中充满浪漫和温暖的情感；而犹太人选择与外界的联络，他是天生的商人，运筹帷幄，决胜千里之外，他选择的是事业，是多赚钱。三个人三年前的不同选择决定今天的生活，而他们今天的抉择又将决定三年后的生活。没有孰是孰非，生活观念不同，所以选择不同。只要不为自己当初的选择后悔，就是正确的。

因此，当你无从选择的时候，不妨抛开外界影响，遵从自己的意愿，选择自己想要的。因为任何一种选择都不会完美，任何选择都会有失去，选择出自己喜欢的，也喜欢自己所选择的，这样才不会有遗憾。

没有选择的选择

有一个女孩，无意中救了一个小精灵。为了答谢她，小精灵带她走到精灵路上，并告诉她："在这条精灵路走完之前，你必须选一块石头，不过只有三次机会。"于是，女孩开始向前走，走着走着，一块发光的石头吸引了她，拾起它，女孩的心顿时感到了温暖，她心想："这应该是我想要的。"走了一段路，女孩又看到一块绚丽的石头，她开始迷惑，因为这块石头让她感到浪漫热情，于是她放下了发光的石头，选择了绚丽的石头。又走了一段路，她又看到了一块水蓝色的石头，他选择了这最后一块石头，但她心里还一直想着刚才选的发光的石头和绚丽的石头。不一会儿，这条精灵路已走到尽头，女孩将水蓝色的石头轻轻放下，对小精灵说："谢谢！我开始明白，选择是一种幸福，但也是一种痛苦，因为我必须为自己的选择负责，我不要选了，未来还长，应该有更多的时间去思考，也许有一天，缘分到了，不是选择，也没有刻意，就会有一颗石头，悄悄地钻到我的手上，到时候即使我想甩也甩不掉啊！"

其实很多时候就是这样，人们因为贪心、贪恋等，往往在选择的左右岸徘徊不前，生怕一不小心选择错了而失去什么。这时候，其实没有选择就是最好的选择，把麻烦交给时间，随着自己思想的成熟以及客观条件的改变，一段时间之后再做选择会更简单、更果决。

没有选择的选择，其实也是留给自己更多的选择机会。

人总有胆怯的一面，总希望自己在人生道路上能有更多选择，但选择太多时，往往又无从选择。其实，很多时候选择是很矛盾和难以取舍的。一种选择就代表着一种得到，也代表着一种失去，不如抛开外在影响，遵从自己内心深处的意愿，选择自己喜欢的，然后喜欢自己选择的，或者干脆就没有选择，让事情在时间中沉淀，这样最后会少些由于轻率决定而造成的遗憾。

有为有不为

有位年轻人，做事非常刻苦，可事业上却没什么起色。他找到昆虫学家法布尔说："我不知疲倦地把自己的全部精力都放在了事业上，结果却收获很少。"'

法布尔赞许地说：“看来你是一个献身科学的有志青年。”

这位年轻人说：“是啊，我爱科学，我也爱文学，同时，对音乐和美术的兴趣也很浓，为此，我把全部时间都用上了。”

法布尔同情地看了看他，然后微笑着从口袋里掏出一个凸透镜，做了一个“小实验”：当凸透镜将太阳光集中在纸上一个点的时候，很快就将这张纸点燃了。

接着，法布尔对年轻人说：“把你的精力集中到一个点上试试看，就像这个凸透镜一样！”

也许你的兴趣很广泛，但选择事业的时候不能完全按照自己的兴趣来，而是要从中选择，做到有为有不为，这样才能像聚集到一起的太阳光一样，形成强势的竞争力，才有可能迈向成功。

世界上最伟大的投资者——“股神”巴菲特有一句名言：“如果你持有一种股票没有10年的准备，那么连10分钟都不要持有。”这句话的意思是说，你选择了一件事，就要把它做下去，如果不想长久地做，那就不如不做。

巴菲特从11岁开始买第一张股票，现在70几岁了，还没有改行的迹象。他并不是世界上最富有的人，排在他前面的，是做软件的比尔·盖茨。巴菲特肯定也知道做软件很赚钱，但他不会去做，不管股市是牛是熊，他都吊在这棵树上了。因为他选择了股票，就不再涉足其他行业，所以，他成为了投资大师。

任何行业都是博大精深的，够你花一辈子的精力去钻研和奋斗。任何一个大师级的人物，都只是自己那一个领域内的大师。比尔·盖茨最聪明的地方不是他做了什么，而是他没做什

么。凭借他的实力，他如果去股市淘金，当个庄家，翻云覆雨，简直易如反掌；凭借他的实力，他还可以去做房地产，一笔一笔赚大钱。但他却专注在自己最擅长、最感兴趣的计算机操作系统、软件开发上，而不是被市场上其他的诱惑所吸引。

其实，很多时候，决定不做比决定要做更难，放弃比抓住更需要定力。人心浮躁，就是因为向往的太多。凡事都想抓住，也不管是不是能够抓住，结果想抓到更多，最终连手上这个也没有抓好。所以，开拓事业时，不要被市场诱惑，一定要有所选择有所放弃，做到有为有不为，才能向“大师级”靠近。

陷阱二十：不要苛求自己从不犯错

很多人都害怕犯错，因为犯错往往代表自己的失败，会受到别人的责备，同时也影响自信心。其实，犯错并不可怕，可怕的是由于害怕犯错而对自己有所限制，比如对容易犯错的事情就避免去做，对已经犯下的过错耿耿于怀，这些都会极大地影响个人的发展。因此，不要害怕犯错，犯了错也不要太介意，只要知错能改，过错就会成为经验。

人非圣贤，孰能无过

“人非圣贤，孰能无过？”人人都难免犯错。假如恋爱谈一次就成功，高考考一次就上榜，生意做一次就赚钱，道理听一次就明白，开车学一次就上路，那就真的是“天才”了——一点都不现实的天才。

因为，勇士也有惧怕的时候，智者也有愚拙的时候，专家也有出丑的时候，辩士也有舌头打结的时候。犯错不可避免，犯错也并不可怕。古语说：“知过必改，善莫大焉。”只要知错能改，就没有什么不可原谅的。所以人不在于无过，而在于知过能改。古时大禹之所以被别人赞美，并不是因为他从没犯过错，而是他能“闻过则喜”；孔子的弟子子路名誉特别好，也不是因为他不会犯错，而是有了过错以后，一经人指点，他都心存感谢，甚至“闻过则拜”。因此，人人都会犯错，但每一个人犯错之后的心态，却有极大的差别。

犯错后的心态，大致有以下四种：一是智者有错必认。智

慧超群的人，往往“不以称誉为喜”，因为他懂得“人之大善，在于知过能改”，因此当别人指出他的错误、缺点时，他反而觉得受益。所以懂得认错才是智者。二是愚者有错必饰。智者改过而迁善，愚者文过而饰非。愚者只要一听到别人指出他的错误，就极力否认，其结果是“饰非则恶日积”。三是贤者有错必改。贤能的人唯以改过为能，不以无过为贵。只要他发现自己有了过错，必定当下立誓改过。过去贤明的君主，如汉武帝、康熙等，都曾经“下诏罪己”，所以政治清明，成为后世楷模。四是狂者有错必执。一个人犯了错并不可怕，可怕的是不肯认错、不肯改过。只要肯认错、肯改过，就能不断进步。反之，一次次犯错，却从不检讨自己的人，由于狂妄自大，固执己见，必然会一错再错。

世界上没有十全十美的人，也没有永远不犯错的人。重要的是，自己犯错之后，该怎样正确地对待。所以，一个人是智、是愚、是贤、是狂，就看其面对过错的心态如何了。

犯错的好处

说到谁谁犯错了，总是感觉含有批评的意思，原因是人们对于犯错，往往抱着一种恨之、怒之的态度。实际上，犯错也有它的好处。

美国微软公司副总裁强·提凡有一句名言：“如果解雇了犯错的人，也就等于否定了这个教训的价值。”

微软公司一直都有提拔曾经犯错的人才的优良传统。1984年，微软 Excel 软件在上市后被发现有重大瑕疵，当时的产品经理硬着头皮去见比尔·盖茨详述此事，建议将上市产品悉数回收。比尔·盖茨告诉他：“今天你让公司损失了2500万美元，我希望明天你表现得好一点。”时至今日，这位当时的产品经理——杰夫·雷克斯，已经成为微软内部顶尖的管理者之一了。

在微软公司，由于有待开发的新领域太多，所以容许犯错误早已成为他们工作程序的一部分了。只要是在合理的范围内，微软公司的员工往往无须为犯错而受到惩处，因此他们就不会因为害怕犯错而怯于挑战新事物。对个人来说，这不仅使他们不会放弃任何一个含有进步因素的机会，还能大大激发其想象空间。对公司而言，容许失败正是进步的契机。

因此，由于不怕犯错，“勇于尝试必有所得”这项原则在微软公司轻松的气氛中得到了真正的落实。

可见，犯错是有好处的，能够包容犯错的人也是有益无害的，因为没有从不会犯错误的人，除非他无所作为。一个人有才华、爱创新，也肯定会有失误，他也会害怕由此带来的埋怨、指责、嘲弄、幸灾乐祸和利益损失等。如果只是一味害怕而且得不到他人的宽容，久而久之，他学乖了，也会被磨平了棱角，失去自己的本色，就会变得碌碌无为。反之，犯了错误，做一个深刻的检讨，想一想这个错误是怎样造成的，平时该注意什么，以后要如何避免，这样就不会再轻易犯同样的错误。这样积累下来，过去犯的错越多，以后犯的错就会越少，肯定会有所作为。

所以说，对犯错所抱的心态很重要，对它抱着乐观的心态，想想它的正面作用，那么你就不会害怕犯错了。

不犯错才是错

张先生到美国留学两年，顺利地拿到硕士学位，随即在美国找到了一份相当不错的工作。

公司的业务蒸蒸日上，正在迅速地拓展，工作环境好，报酬高，升迁的机会也多。随着前任部门经理的加俸晋职，张先生顺利升为部门经理。作为一个身在异国的留学生，能谋得这样好的差事，张先生十分珍惜，工作兢兢业业，万事小心。

一年时间很快过去了，万幸的是天下太平，无差无错。

年终老板召见，张先生心中不由漾起希望："我的前任做满一年，或多或少总是犯了几件错，而我张某可没有犯任何错，会不会给我升更高的职……"推开门，老板的笑容显得分外的亲切。

"张，你一年的工作情形很好……"老板顿了顿，调整了一下语气，"不过公司要紧缩人事，这是件很不得已的事，想必你能谅解。依照规定，你可以领三个月的遣散费，相信你很快就会找到更好的工作。"

张先生被这突如其来的消息惊呆了，停了好一阵，他问老板："您的意思是说我被炒鱿鱼了？为什么？是我犯了错？还是……"他的语气不由得激动起来，"还是因为我是中国人，就被歧视？"

歧视，在强调保障工作机会平等的美国社会，是项严重的指控，老板不得不重视这个问题。

"张，不要激动。公司从几百封应征函里选中了你，说明对于你们中国人绝没有一点歧视的意思。你确实没有犯什么过错，而事实上，就是因为没有犯错，公司才这么做。你知道公司正在大力推进业务，急需独当一面、创业立业的人才。公司对于你的训练、你的学识都算满意，但是对于你做事的方式不能接受。”

见张先生还是疑惑不解，老板接着解释说：“我们都知道，人就是人，不是神，人都免不了会犯错，不犯错的只有两种人：一种人不做不错，只知道在现成的路上跟着别人走，有错也让别人犯。这种人或许不会犯错，但也不会从尝试、错误中进步。另一种人不是不犯错，而是犯了错，却隐瞒错误，甚至强说那不是错。不管是哪一种‘不犯错的人’，都不是我们公司所需要的。”

就这样，张先生被炒了鱿鱼。

不犯错成了最大的过错，原因那位老板已经说得很清楚。所以，千万不要介意自己犯错，因为一个不犯错的人不是太保守，就是太虚伪，而且很容易被人看破的。

每个人一生当中都会犯错。爱迪生失败过，他犯了一千次错误。他用了一千种不合适的材料去做灯丝，也由此排除了一千种可能成为灯丝的材料，最后终于找到了最合适的。所以，不要害怕犯错，从不犯错的人做不出什么事。人一生所可能犯的最大错误就是：因为怕犯错而不敢尝试。

如果苛求自己从不犯错，除非什么事情都不去做。

陷阱二十一：多才多艺很难做精一件事

多才多艺，是对一个人肯定的评价，但它的前提是被评价的这个人有一项看家的绝活，也就是他已经立足于某一个领域，然后他还有其他方面的才能，那才能受到肯定。否则，一个人多才多艺，而他的精力也必然分散过多，因此难以在某一个方面出色，那这个人距离成功也会很远。所以，多才多艺说起来好听，但有时也会成为一个陷阱。

歧路亡羊

有一个成语叫“歧路亡羊”，故事是这样的：

学者杨子的邻居丢了一只羊，他叫了亲戚朋友又请了杨子的仆人一起去找羊。

杨子问：“丢了一只羊，为什么要找这么多的人去追呢？”

邻居说：“因为路上有很多岔路啊！”

过了一会儿，人们回来了。

“找到羊了吗？”杨子问。

“没有。”大家回答：“路上有岔路，岔路上又有岔路，我们不知该去哪儿找，只好回来了。”

杨子听了沉默不语。他的学生不明白老师在想什么，跑去问老师的朋友心都子。心都子说：“你们的老师在担心你们的学业呀，这件事让他想到你们的学习和研究上有很多困难。如果你们找不到正确的学习方向和方法，最终将没有任何成就，就像大家找不到那只跑丢了的羊一样。”

这个成语用来形容事情复杂多变，没有正确的方向，人们很容易迷失或偏离正道，找不到真理。对于一个人来说，各式各样的才艺正是岔路上的岔路，如果你走着这一条，然后又想走那一条，走上了那一条，又想着走另外一条，这样过多地分散精力，结果哪一条也走不好，哪一条都走不到底，最终就什么也精通不了。

北京正邦品牌设计公司老总陈丹是中国电信新标志的设计者，他在回忆自己的职业经历时，总是很感慨。他说开始的时候靠着热情和执着的确取得了一些成功，但接下来面对市场里的种种诱惑，必须做出新的抉择。他们的公司属于广告公司，面对各种各样的广告业务，他们决定只做标志设计，而这实际上只是广告业务中很小的一部分。刚开始的时候，许多人对此都不太理解，觉得陈丹丢掉了太多放在眼前的生意。但陈丹认为，要想在广告圈激烈的竞争中脱颖而出，就必须建立自己的发展模式，放弃大而全的经营理念，专注于品牌设计，这样才能够使他们区别于甚至超过竞争对手。

陈丹说："我只想把我擅长的事做精、做细。其实其他公司也做得很好，但我们因为只做了这一项，就更专业化了，分工更细致了，客户也就自然会想到我们了。"

过多地分散精力是取得成功的障碍，而找准一个方向，然后坚定地走下去，成功的城堡也许就在路的尽头。

术业有专攻

有一位妇女，来自农村，没读完小学，连用普通话表达自己的意思都不太熟练。因为女儿在美国，她申请去美国工作。

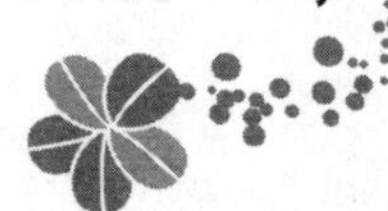

她到移民局提出申请时，申报的理由是有“技术特长”。移民局官员看了她的申请表，问她的“技术特长”是什么，她回答是会“剪纸画”。她从包里拿出剪刀，轻巧地在一张彩纸上飞舞，不到三分钟，就剪出一组栩栩如生的动物图案。移民局官员连声称赞，她申请赴美的事很快就办妥了，引得旁边和她一起申请而被拒签的人一阵羡慕。

这个故事给我们很大启迪：一个人没有学历，没有工作经验，但只要有一项特长，一处与众不同的地方，就可能得到社会的承认，拥有其他人不能获得的东西。这就是“术业有专攻”的好处。

可是在我们身边，许多人往往走入误区，譬如一些大学生在校读书期间，有的忙着考这证考那证，证书弄了一大摞，结果真正该学的学业被荒废；有的忙着做主持、当模特，业余职业换了一个又一个，结果毕业之后却很难找到一份合适的工作。原因就是由于他们分散了时间和精力，没有专注于某一件事情，结果事与愿违。

“英语神厨”张立勇的传奇故事几乎已经传遍大江南北。张立勇在清华大学第十五食堂卖了八年馒头，得了个外号“馒头神”。这样一个外号当然不是随随便便就安在他头上的：他英语口语流利，托福考过630分，大学英语四六级考试更是早早过关；他在校外兼职英语家教，在清华餐饮中心英语培训班担任主讲老师；他还在报纸上发表了不少文章；一本关于他如何自学英语的书《英语神厨》已经出版。而他的本来身份，不过是一个高中没有读完、在清华食堂卖馒头的小师傅。也因此，才有清华的学生将他与《天龙八部》中那位深藏不露的少林寺“扫地僧”作比。

张立勇做到了一般人做不到的事情，而他成功的秘诀只有一句话：一生只做一件事，“术业有专攻”这句话对张立勇来说再合适不过。这个高二就辍学的年轻人，在八年的打工生涯中，坚持自学英语，并取得了令人瞩目的成绩，这份执着与毅力确实让任何人都感到汗颜。正是这份执着，这份专注，为他赢得了成功。

多才多艺，说起来好听，可实际上却会导致人经常改换目标，见异思迁或是四面出击，往往不会有好结果。因为我们的时间有限，精力有限，好钢只能用在刀刃上。我们不可能把所有的事情都做到最好，但是我们一定可以把其中的一件事做到最好。因此，专注于某一件事情，哪怕它很小，努力将其做好，总会有不寻常的收获。

选定一把椅子

有人曾向意大利著名男高音歌唱家卢卡诺·帕瓦罗蒂请教成功的秘诀，他说：“当我还是一个孩子时，我的父亲，一个面包师，就开始教我学习唱歌。他鼓励我刻苦练习，练好基本功。当时，我兴趣广泛，有很多爱好和目标——想当老师、科学家，还想当歌唱家。父亲告诉我：如果你想同时坐在两把椅子上，你可能会从椅子中间掉下去，生活要求你只能选一把椅子坐上去。”

“经过反复考虑，我选择了唱歌。于是，经过七年的不懈学习，我终于第一次登台演出了。又用了七年，我才得以进入大都会歌剧院。而第三个七年结束时，我终于成了歌唱家。要

问我成功的诀窍，那就是一句话：选定一把椅子。”

“选定一把椅子”，即专心致志干好一件事，一个十分形象而又切合实际的比喻。每一个人都只有一辈子，时间十分短暂，不容我们有过多的选择。而有些人总是左顾右盼，渴望拥有一切，这样，往往会因为目标不专一，最终一无所获。

森林里有一种鼯鼠，它能飞但是飞不远，能爬树但是爬不快，能挖洞却也挖不深。就这样，它虽然有一身本事，却都不大管用，因此很容易成为食肉动物的口中餐。它吃亏就吃亏在没有把一门技术学精。

一生中，我们会面临很多的选择。一旦看准了方向，选定了目标，就要坚定不移地走下去。哪怕这条路崎岖不平，同行者寥寥无几，你都要“板凳坐得十年冷”，忍受孤独和寂寞，朝着一个主攻方向努力。尤其在诱人的岔路口，你必须不改初衷，心无旁骛地将它走完，这样才能迎来美好的未来。

人生苦短，心无二用。当我们在欣赏帕瓦罗蒂那穿云裂石般的美妙歌声时，也请记住他宝贵的成功经验：“选定一把椅子”。

成功贵在专注

专注，是一个成功者必备的素质之一。假如你能几十年做同样的一件事，你肯定就能把它做好做精，那么，你在这个专业领域也就有了发言权，有了别人无法取代和超越的地方，这样你就能在这个领域牢牢地站稳脚跟，成为一个成功的人。

世界著名物理学家丁肇中先生，仅用五年多时间就获得了物理、数学双学士和物理学博士学位，并于40岁时获得了诺贝尔物理学奖。丁肇中先生曾经这么说："与物理无关的事情我从来不参与。"

所以，做事情时不要想那么多，不要想怎么赚钱，也不要想怎么出名，而要选准一件事，然后专心致志地做下去，以成为某个领域中的最顶尖人物为目标。这样，你就一定会成功，一切都水到渠成。

乔丹打篮球成为世界顶尖篮球巨星，不但一年收入8000万美金，而且有人找他拍电影，有人找他拍广告，有人找他出书……乔丹什么事都不用做，只要他肯提供给厂商名字与头像，别人就送他30%的股份。这是为什么？因为他是那个领域顶尖的人物，他是世界上有史以来最伟大的篮球巨星。

还有成龙，他拍电影时，各个汽车厂商主动争取免费提供汽车的机会，让成龙在电影里面表演特技。成龙选中日本三菱跑车，三菱公司立刻提供上百辆新车让成龙拍摄赛车镜头，成龙将车撞得稀烂，三菱也分文不取，为什么呢？因为成龙是最棒的，他的电影是最卖座的电影之一。他的电影票房好，三菱的汽车等于白白做了广告。

所以，只要你是最好的，一定就是最成功的，而要做到最好，就只有专注这一条路走。

在这方面，用友软件集团公司的董事长王文京就是一个很好的例子。在很多人眼里，王文京的成功是对"知识创造财富"这句话最生动的阐释。在十几年的时间，王文京从一介书生发展到个人身价高达数十亿元的富翁，他一手缔造的用友软件也牢牢占据着中国财务软件的领导地位。谈及自己的创业，王文京用最简单的语言概述："一生只做一件事，专注、坚持。

要想在任何一个行业出头，必须有沉浸其中十年以上的决心，人一生其实只能做好一件事。”正是凭着这朴实而坚定的人生信条，王文京实现着用友软件商业化的梦想。

因此说，成功贵在专注。事实证明，一个精通某件事的人往往要比一个“无一不通但无一能精”的人更受欢迎，也更有望成功。

世上看起来可做的事情很多，但真正能够抓住的却很少。如果一个人涉足很多领域，学习很多知识，其内部就容易虚弱，每一项都没有很强的竞争力。这就像贪心的猎人要追五个方向跑的兔子，最后只能是一无所获。所以，我们要选准一件事去做，集中精力发展，这样才能有所成就。

一生只做一件事，把一件事做好，才是成功人生的捷径。

陷阱二十二：明智的放弃能使人轻装上阵

在人的一生中，很多时候要面对选择和放弃。有的人会选择执着地追求，但生活有时会逼迫你，不得不交出权力，不得不放走机遇，甚至不得不抛弃爱情。因为一个人不可能什么都得到，有所选择必然有所放弃。有时执着是一种品德，但有些时候，放弃才是清醒的选择。因为执着往往盲目，而放弃却能使人卸下人生的种种包袱，轻装上阵，安然地等待生活的转机。

放手才能自救

有一个四岁的小孩，自己在沙发上玩耍的时候，把手插进了放在茶几上的花樽里。花樽上窄下阔，所以，他的手伸进去后就抽不出来了。他的妈妈用各种办法想把他卡着的手拿出来，但都没有成功。

妈妈开始焦急，因为她稍微用力一点，孩子就痛得叫苦连天。在无计可施的情况下，妈妈想了一个下策，就是把花樽打碎。可是她稍有犹豫，因为这个花樽不是普通的花樽，而是一件价值连城的古董。不过，为了儿子的手能够拔出，这是唯一的办法。结果，她忍痛将花樽打破了。

虽然古董碎了，但儿子平平安安，妈妈也就不太计较了。她让儿子将手伸给她看有没有损伤。孩子的手没有任何损伤，只是他的拳头仍是紧握着不肯张开。原来，他紧捉着一枚硬币。他是为了拾这一个枚币，所以令手卡在花樽的口内。孩子的手抽不出来，其实不是因为花樽口太窄，而是因为他不肯放

手扔掉硬币。

就像这个孩子，人碰上一些事，很多时候都是盲目的。

比如感情的事。你曾为那个人做了很多事，当时觉得是天经地义，别人的劝告都是左耳听右耳扔，而且盲目地坚持这样做，以为这样会天荒地老。可是几年之后，曾经海誓山盟的恋人已经远去，如果你还在坚持自己最初的想法，那就是打破花樽拾取硬币了。

为了区区一枚硬币，打碎了一个古董花樽，孩子当时不会了解，也不会后悔，因为那时他不了解他执着那枚硬币的成本是多么大。等他长大之后，才会了解花樽的价值，也就会明白自己昔日的天真。

那我们呢？明明知道自己被感情问题卡住了，却不肯放手，于是动弹不得。这样做，究竟值不值得？

其实，放手就可以立刻解决问题。很多事情都是一样的道理，只有放手，才能自救。明智的放弃比盲目的执着更能解决问题，只要伸开手指，扔掉小小的硬币，你就能保住价值连城的花樽，为自己赢得更多的机会，并且将来不会后悔。

没有贪欲才能清醒地放弃

比舍是个有名的珠宝商人，也是一位经验丰富的航海家。

比舍带了五百商人驾着一艘一艘的船到海上采宝。他们乘风破浪，很快到达了珠宝产地。

客商们停泊登岸，一眼望去，遍地都是奇珍异宝！大伙儿就像一群饿狼一样，拼命搬运。耀眼的珠宝被装上了船，一船一船都装得满满的。可是，客商还在贪心地抓呀堆呀，眼看每艘船都要被压沉下去了。

此时，比舍大声疾呼："注意！注意！船不能运载过重啊！客商们！请你们把超载的珠宝尽量抛弃吧！不然的话，会出危险的！"

客商们都装着没听见。贪欲所迷，宁共宝死，也不愿意丢一粒珠子呀！

比舍眼看劝告无效，只好牺牲自己船上的所有，将光闪闪的珠宝丢进了海里，驾驶着空船跟着满载珠宝的船队离开宝山。很快，超载珠宝的船，一艘艘地被海水吞没了。要不是比舍提供了自己的空船，将五百客商护救出海，他们真是人财两空了。

在许多人看来，很多东西都是难以舍弃的，不但是奇珍异宝，还有权力、地位、名誉等。人生中似乎有许多苦来源于失去了自认为宝贵的或得不到渴望已久的东西，然而，从另一个角度看，一个人如果能放下贪欲，坦然面对他失去的，并能主动放弃那些可有可无的、并不触及生命意义的东西，那么他的人生必将赢得更多的轻松与愉悦。

我国著名科学家钱学森就是一个典型的例子。他所追求的是为祖国的科学事业贡献自己的全部知识。新中国成立后，美国人想以重金将他留聘，但他舍弃了金钱，排除万难，踏上了归国旅程。如果没有千千万万像钱学森博士那样的爱国学者，我们的祖国怎能像今天这么强盛呢?

每个人都有追求，而追求始终要伴随着舍弃。明白了这一

点，我们也就明白了应该放弃什么。不要被那些看上去宝贵、美好的东西所阻拦，没有贪欲，我们才能做到清醒地放弃，放弃那些人生的附宠与累赘，保留我们生命中最有价值、最必需、最纯粹的部分。

放弃也是一种机会

父亲给孩子带来一则消息，某一知名跨国公司正在招聘计算机网络员，录用后薪水自然是丰厚的，另外，这家公司很有发展前景，近些年新推出的产品在市场上十分走俏。孩子当然是很想应聘的，可在职校培训已近尾声了，如果真的被聘用了，一年的培训就算失败了，连张结业证书都拿不到。

看到孩子犹豫，父亲笑了，说要和孩子做个游戏。他把刚买的两个大西瓜放在孩子面前，让他先抱起了一个，然后再抱另一个。孩子瞪圆了眼，一筹莫展，抱一个已经够沉的了。

“那你怎么把第二个抱住呢？”父亲追问。孩子愣神了，想不出招来。父亲叹了口气：“哎，你不能把手上的那个放下来吗？”孩子似乎缓过神来，是呀，放下一个，不就能抱上另一个了吗！孩子这么做了。

父亲于是提醒：这两个总得放弃一个，才能获得另一个，就看你自己怎么选择了。孩子顿悟，最终选择了应聘，放弃了培训。后来，他如愿以偿，成了那家跨国公司的职员。

今天的放弃，是为了明天的得到。做大事的人不会计较一时的得失，他们都知道放弃。因为他们明白放弃了这一方，就意味着有了得到另一方的机会，如果什么都舍不得放弃，则会错失更多的东西。

前些年，事业单位的工作人员下海经商的很多，某部主任秘书跟别人说自己也想下海，可以多点机会赚钱，可又舍不得离开现在的单位，毕竟现在的工作旱涝保收，工作也是蛮稳当的。因此，他总是犹豫不决。在他还在犹豫的时候，他的一位同事辞职下海了，还如鱼得水，干得不错，让人羡慕。那位同事对他说："你不愿放弃，又想再获得，未免太天真了吧！"他觉得同事说得有理，可仍然举棋不定。几年之后，单位人事调整，没有了他的位置，可这时他的年龄已经大了，早已没有了当初的冲劲和精力。说起当初的犹豫，他后悔不迭。

舍不得放弃，结果丢掉了大好的机会，这样的事情太多了。所以，学会放弃也是一种审时度势、去粗存精的选择，是为了剪掉生命的尾巴，为自己争取一个更轻松、更愉快地迈向人生光辉顶点的机会。

鱼和熊掌无法兼得，这时明智的放弃远胜于盲目的坚持。对一个人来说，懂得适时放弃，是一种豁达。也是一种明智。不忍割舍而盲目坚持。则是疑虑与执迷，对自己有害无益。不要以为只有能"取得"的人才是大智大勇。那些能毅然"割舍"的人，其实具有更高的智慧与更大的勇气。所以说，明智的放弃，其实就是经营人生的一种策略，也是人生的一种大智慧。

及时放弃无意义的固执

坚持是一种良好的品性，但在有些事上，过度的坚持，会导致更大的浪费。

当你确定了目标以后，下一步便是坚定自己的目标，或者说坚定自己所希望达到的领域。如果你决心做一下改变，就必须考虑到改变后是什么样子；如果你决定解决某一问题，就必须考虑到解决中可能遇到的困难是什么。

当描述了理想的目标以后，你必须研究一下达到该目标所需的时间、财力、人力的花费是多少，你的选择、途径和方法只有经过检验，方能估量出目标的现实性。你或许会发现自己的目标是可行的，否则，你就要量力而行，修改自己的目标。

有许多满怀雄心壮志的人毅力很坚定，但是由于不会进行新的尝试，因而无法成功。请你坚持你的目标吧，不要犹豫不前，但也不能太生硬，不知变通。如果你确感到行不通的话，就尝试另一种方式吧。

那些百折不挠，牢牢掌握住目标的人，都已经具备了成功的要素。下面两个建议一旦和你的毅力相结合，你期望的结果便更易于获得。

（1）告诉自己“总会有别的办法可以办到”。

每年有几千家新公司获准成立，可是五年以后，只有一小部分仍然继续营运。那些半路退出的人会这么说：“竞争实在是太激烈了，只好退出为妙。”真正的关键在于他们遭遇障碍时，只想到失败，因此才会失败。

你如果认为困难无法解决，就会真的找不到出路。因此，一定要拒绝“无能为力”的想法。

（2）先停下，然后再重新开始。

我们时常钻进牛角尖而不知自拔，因而看不出新的解决方法。

成功者的秘诀是随时检视自己的选择是否有偏差，合理地调整目标，放弃无谓的固执，轻松地走向成功。

两个贫苦的樵夫靠着上山捡柴糊口，有一天在山里发现两大包棉花，两人喜出望外，棉花价格高过柴薪数倍，将这两包棉花卖掉，足可供家人一个月衣食无虑。当下两人各自背了一包棉花，便欲赶路回家。

走着走着，其中一个樵夫眼尖，看到山路上扔着一大捆布，走近细看，竟是上等的细麻布，足足有十多匹之多。他欣喜之余，和同伴商量，一同放下背负的棉花，改背麻布回家。

他的同伴却有不同的看法，认为自己背着棉花已走了一大段路，到了这里丢下棉花，岂不枉费自己先前的辛苦，坚持不愿换麻布。先前发现麻布的樵夫屡劝同伴不听，只得自己竭尽所能地背起麻布，继续前行。

又走了一段路后，背麻布的樵夫望见林中闪闪发光，待近前一看，地上竟然散落着数坛黄金，心想这下真的发财了，赶忙邀同伴放下肩头的麻布及棉花，改用挑柴的扁担挑黄金。

他的同伴仍是那套不愿丢下棉花，以免枉费辛苦的论调，并且怀疑那些黄金不是真的，劝他不要白费力气，免得到头来一场空欢喜。

发现黄金的樵夫只好自己挑了两坛黄金，和背棉花的伙伴赶路回家。走到山下时，无缘无故下了一场大雨，两人在空旷处被淋了个湿透。更不幸的是，背棉花的樵夫背上的大包棉花，吸饱了雨水，重得完全无法再背得动，那樵夫不得已，只能丢下一路辛苦舍不得放弃的棉花，空着手和挑金的同伴回家去。

一个非常干练的推销员，他的年薪有六位数。很少有人知道他原来是历史系毕业的，在干推销员之前还教过书。

这位成功的推销员这样回忆他前半生的道路："事实上我是个很没趣的老师。由于我的课很沉闷，学生个个都坐不住，所以，我讲什么他们都听不进去。我之所以是没趣的老师，是因为我已厌烦教书生涯，毫无兴趣可言，但这种厌烦感却在不知不觉中也影响到学生的情绪。最后，校方终于不与我续约了，理由是我与学生无法沟通。其实，我是被校方免职的。当时，我非常气愤，所以痛下决心，走出校园去闯一番事业。就这样，我才找到推销员这份胜任并且愉快的工作。"

"真是'塞翁失马，焉知非福。'如果我不被解聘，也就不会振作起来！基本上，我是很懒散的人，整天都病快快的。校方的解聘正好惊醒我的懒散之梦，因此，到现在为止，我还是很庆幸自己当时被人家解雇了。要是没有这番挫折，我也不可能奋发图强起来，而闯出今天这个局面。"

坚持是一种良好的品性，但在有些事上，过度的坚持，会导致更大的浪费。

历史上的永动机，就使很多人投入了毕生的精力，浪费了大量的人力、物力。因此，在一些没有胜算把握和科学根据的前提下，应该见好就收，知难而退。

有人认为：如果没有成功的希望，屡屡试验是愚蠢的、毫无益处的。

诺贝尔奖得主莱纳斯·波林说："一个好的研究者知道应该发挥哪些构想，而哪些构想应该丢弃，否则，会浪费很多时间在差劲的构想上。"有些事情，你虽然用了很大的努力，但你迟早要发现自己处于一个进退两难的地位，你所走的研究路线也许只是一条死胡同。这时候，最明智的办法就是抽身退出，去研究别的项目，寻找成功的机会。

牛顿早年就是永动机的追随者。在进行了大量的实验之后，他很失望，但他很明智地退出了对永动机的研究，在力学中投入更大的精力。最终，许多永动机的研究者默默而终，而牛顿却因摆脱了无谓的研究，而在其他方面脱颖而出。

在人生的每一个关键时刻，审慎地运用智慧，做最正确的判断，选择正确方向，同时别忘了及时检视选择的角度，适时调整。放掉无谓的固执，冷静地用开放的心胸做正确抉择。每次正确无误的抉择将指引你走在通往成功的坦途上。

有的人失败，不是没有本事，而是定错了目标，成功者为避免失败，时刻检查目标是否合乎实际，合乎道德。

阿尔弗莱德·福勒出身于贫苦的农场家庭，成年后，他虽然努力，却失去了三份工作。之后，他尝试推销刷子，他立刻明白了，他喜欢这种工作。他将思想集中于从事世界上最好的销售工作。

他成了一个成功的销售员。在攀登成功的阶梯时，他又定下一个目标：那就是创办自己的公司。如果他能经营买卖，这个目标就会十分适合他的个性。

阿尔弗莱德·福勒停止了为别人销售刷子。这时他比过去任何时候都更为兴高采烈。他在晚上制造自己的刷子，第二天就出售。销售额开始上升时，他就在一处旧棚房里租下一块空间，雇用一名助手，为他制造刷子。他本人则集中精力销售。那个最初失去了三份工作的人得到了什么样的最终结果呢？

福勒制刷公司拥有几千名销售员和数百万美元的年收入！

一个人要获得事业上的成功，首先要有目标，这是人生的起点。没有目标，就没有动力，但这个目标必须是合理的，即合乎实际情况和客观规律、合乎社会道德的，如果不是，那么，即使你再有本事，千百倍努力，也不会获得成功。

陷阱二十三：“千里马”不要等“伯乐”发现你

古往今来，多少人感叹过“怀才不遇”。确实，在封建专制的古代，很多满腹经纶的文人得不到重用，甚至受到一些嫉贤妒能被位高权重的人的排挤，“千里马”一辈子遇不到“伯乐”的都大有人在。可是现在是个人才全球自由流动的时代，处处是机会，只要是真金，在哪里都能发光，怀才不遇真的还存在吗？

真的是怀才吗

当2005年度亚洲小姐竞选结束的时候，几位入选佳丽最终没有进入三甲，她们不能接受这样的结果，在庆功宴上声泪俱下、泣不成声地同时表示，她们给自己的表现打100分，并质疑比赛结果，而且“不知输在哪儿”。

深感怀才不遇的这几位都是内地选手，而香港选手几乎全军覆没，却照样在宴会上开怀畅饮。相比之下，内地选手不但输了比赛，还输了风度。

经常听到有人声称自己怀才不遇，比赛一律有黑幕，评判一律不公正，自己与机遇从来只差0.1秒。其实像这样的选美比赛倒也罢了，本来拼的就是天赋资本，说是比赛，多少有点香艳的游戏成分。可是到了人生的战场上，尤其是作为一个男人，动不动就说自己怀才不遇，从而怨天尤人，觉得谁都对不起自己，而且不管真的假的“怀才”，都要拿出姿态来恃才傲物一番，别的且不说，失掉了谦虚的态度以及实事求是的风格

就是极大的一笔损失了。

其实，很多时候说自己怀才不遇，争的不过是一点面子。这样争实际上最没面子，真正有才华的人谁在乎那点面子？若有黑幕，说明大家都有相同的机会去投机，为何不去？

所以，声称自己怀才不遇的时候，首先要想想自己怀的是不是“才”，如果是，为什么会不遇呢？而且，是不是才，不是自己说了算。再说，即使你真的有才，恃才狂傲、锋芒过露，领导也不会重用你，“怀才”也要适应环境。所谓才，也要包括适应环境、克服困难、脱颖而出的能力，如果自己的价值标准跟社会不统一，或者是对社会的游戏规则认识不够，造成与社会环境格格不入，从而得不到重用，那也怪不得别人，自己不想改变的话，就只好不遇了。

在现在这个高手如林的社会，先假设自己有“才”已经够胆大妄为，又通过“不遇”来谴责社会，抱怨老天不公平，那就更让人不敢恭维了。其实，除了有个别“专才”，在某一方面特别突出，而其他方面特别差劲、造成怀才不遇之外，大部分人怀才不遇的感觉仅仅是自以为是而已。

伯乐也需要寻找

有个鲁国人擅长编草鞋，他的妻子擅长织白绢，他想迁到越国去。友人对他说：“你到越国去，一定会贫穷的。”“为什么？”“草鞋是用来穿着走路的，但越国人习惯于赤足走路；白绢是用来做帽子的，但越国人习惯于披头散发。你们到了那里，专长根本用不到，你们又不擅长做别的，怎么可能不贫穷呢？”

这个故事告诉我们：一个人要发挥其专长，就必须适合社会环境需要，如果脱离了社会环境的需要，其专长也就失去了价值。因此，我们要根据社会的需要，到能够充分发挥我们才华的地方去，这样才能更好地实现我们的价值，也避免“怀才不遇”。

“千里马常有，而伯乐不常有。”很多人总是以这句话来嘘叹自己的才华被埋没。其实，如果一匹千里马总是在原地等着被伯乐发现的话，那它的机会就会很小。因为伯乐之所以为伯乐，是由于他能够看到奔跑起来的千里马与众不同，而一匹什么也不做总是在等待的马是无法表现它的优秀的，伯乐即便再独具慧眼，也会由于没有足够的时间和耐心而放弃观察这匹等待的马。所以，千里马不能只等着伯乐来发现，真正的千里马是懂得主动寻求伯乐并适时表现自己的。

某公司正在招聘业务员，其中一位应征者资历显赫，对于此应聘者，这家公司有小庙容不了大佛的顾虑，因此公司都不抱太大的希望。面谈时，负责人也很诚实地告诉他，依据公司规定，无法给他太高的薪水。原以为应聘者会就此打住，不必浪费彼此的时间，没想到他竟然愿意接受不到他原来薪水一半的条件，这让公司有点意外。正式上班后，他也没有出身大企业的骄傲，准时上班，填写报表，勤跑客户，过了不久他的业绩就远远超出了大家的预期，于是在最短的时间内，公司破格让他晋升，而且大幅度加薪。自此，他也更加卖力，为公司创造了更好的业绩。

了解之后才知道，原来他在前一家公司当主管，工作相当顺利，薪水也十分满意，原以为可以衣食无忧，没想到公司投资失败，老板不知去向，让他们哭诉无门。之后再求职期间，

他也曾经因为薪水无法与自己所要求的相符而怨天尤人，总认为自己是怀才不遇。但在经历了一段时间的挫折与沉淀之后，他选择了重新出发，主动出击。他相信，是千里马总有一天会被伯乐发现的。

如果某一环境确实让自己感到“怀才不遇”，就快速地离开那里，外面的天地无限广阔，没必要怨天尤人。也许那个环境对于你正如越国之于擅编草鞋的鲁国人，但只要你走出来，主动去寻求适合自己的环境，你的才华就会受到瞩目，就像这位曾做过大公司主管的业务员一样，最终被伯乐发现，恢复你千里马的驰骋本性。

用行动结束“怀才不遇”

古往今来，由于种种条件的制约，确实也不乏才华横溢、努力敬业却得不到领导赏识的怀才不遇者。在现在职场上，也有这样的人，明明为公司做出了卓越的贡献，却总是与提升的机会失之交臂，扮演着被领导遗忘的角色。

当然，得不到重用可能有客观原因。例如，可能遇到体制的限制或时机不佳，还有的人遇到权力欲和控制欲都很强的上司，把下属的工作成绩据为己有等。面对这些客观因素，你可以采取顺其自然的态度，接纳生活中存在的这种无奈，从而平衡心态，也可以采取积极的办法，通过跳槽等方式寻找更适合自己的环境。

还有些时候，你可能确实受到了不公平待遇，这时除了悲天悯人之外，更需要面对现实，同时问问自己：如何调整心态，走出这种悲哀的命运呢？

小王和小李是艺术系的同班同学，小李毕业后因父亲的关系，进入某报社担任美术设计工作。

不甚如意的小王，每次看见小李在报上刊出的作品，就痛骂报社只认人情，不长眼睛，由此日渐荒废了本职工作。而原本才学远不及小王的小李，由于报社的工作环境好，经常能接触最新的材料与作品，加上后学的努力，几年后树立起自己独特的风格，在圈内小有名气了。

小王终于不再讥讽小李，因为长久地怨天尤人，使他由一时的怀才不遇，变为真正的外强中干，自己作品的水准已经远远落后于小李了。

不可否认，社会上确有许多不公平的事会导致一个人怀才不遇，最好的解决办法就是加倍努力，以求出头，使自己有能力走出这种怀才不遇的命运。而如果只知自怨自艾，恐怕原本短期的时运不济，也会成为长期的命运多舛，一辈子都要这样“不遇”下去了。

总的来说，如果你真的怀才不遇，那就要加倍地努力，不管是让上司注意到你的出色，还是跳槽换个工作环境，抑或韬光养晦、伺机而动也好，都要靠自己的耐心和毅力，来承受这种不公平，最后战胜逆境，一鸣惊人。

世上没有绝对的公平，也没有绝对的不公平。如果总是抱怨怀才不遇，一则说明你没有推销自己的才华，二则说明你有的那点“才”还太小。因为我们所处的时代不同以往，对某些人来说，这是一个怀才不遇的年代，同样对于另外一些人来说，它则是一个良禽择木的年代。所以，不要只等着伯乐来发现你。主动出击，相信是真金总会发光的。

陷阱二十四：靠自己努力，不要期待别人能帮你

每当陷入困境，我们总是习惯性地呼唤："谁来帮帮我！"实际上，就算幸运地遇到了能够及时向你伸出援手的人，依靠别人的帮助，你可以暂时渡过难关，但别人不可能从此不停地帮助你，代替你处理所有的事情，之后还是要靠自己。所以，真正能够解救你的只有你自己，热切期待别人的帮助不如靠自己的努力。

学会"照镜子"

美国从事个性分析的专家罗伯特·菲力浦有一次在办公室接待了一个因自己的企业倒闭、负债累累、离开妻女到处流浪的流浪者。那个人进门就说："我来这儿，是想见见这本书的作者。"说着，他从口袋中拿出一本名为《自信心》的书，那是罗伯特许多年前写的。流浪者继续说："一定是命运之神在昨天下午把这本书放入我的口袋中的，因为我当时决定跳进密西根湖了此残生。我已经看破一切，对于一切已经绝望，所有的人都已经抛弃了我，但还好，我看到了这本书，它使我产生了新的看法，给我带来了勇气和希望，并支持我度过了昨天晚上。我已下定决心，要见到这本书的作者，他一定能协助我再度站起来。现在，我来了，我想知道你能替我这样的人做些什么。"

在流浪者说话的时候，罗伯特从头到脚打量他：茫然的眼神、沮丧的皱纹、很久未刮的胡须以及紧张的神态……一切都

向罗伯特显示，他已经无可救药了，但罗伯特不忍心对他这样说。罗伯特请他坐下来，要他把自己的故事完完整整地说出来。

听完流浪汉的故事，罗伯特想了想说：“虽然我没有办法帮助你，但如果你愿意的话，我可以介绍你去见本大楼的一个人，他可以帮助你赚回你所损失的钱，并且协助你东山再起。”罗伯特刚说完，流浪汉就跳了起来，抓住罗伯特的手说道：“看在老天爷的份上，请带我去见这个人。”

他会提此要求，显然心中仍然存在着一丝希望。所以，罗伯特拉着他的手，引领他来到从事个性分析的心理试验室里，和他一起站在一块看来像是挂在门口的窗帘布前。罗伯特把窗帘布拉开，露出一面高大的镜子，流浪汉可以从镜子里看到自己的全身。罗伯特指着镜子说：“就是这个人，在这个世界上，只有一个人能够使你东山再起，除非你坐下来，彻底认识这个人——当作你从前并未认识他——否则你只能跳进密西根湖里，因为在你对这个人作了充分的认识之前，对于你自己或这个世界来说，你都将是一个没有任何价值的废物。”

流浪汉朝镜子走了几步，用手摸摸自己长满胡须的脸孔，对着镜子里的人从头到脚打量了几分钟，然后后退几步，低下头，开始哭起来。一会儿，罗伯特领他走出电梯间，送他离去。

几天后，罗伯特在街上碰到了这个人，他已不再是一个流浪汉形象——他西装革履，步伐轻快有力，昂首挺胸，原来那种衰老、不安、紧张的神态已经消失不见。他说，他感谢罗伯特先生让他找回了自己，现在他已经找到了工作。

后来，那个人真的东山再起，成为芝加哥的富翁。

“照镜子”，就是要充分认识自己，尤其是在遇到困境停

步不前的时候，照一照镜子，认真地看一看自己的状态就会发现，其实真正难以逾越的不是困境，而是自己的心态。外在的因素只是次要的，包括别人的陷害以及别人的帮助，都不会长久，也不能解决根本问题，只有自己的放弃，才会使你陷入绝境。如果你想要走出来，那也只能靠自己的重新站立。

求人不如求己

俗话说：求人不如求己。在我们遇到困难感觉需要帮助的时候，与其去央求别人帮忙，不如自力更生。更何况，靠自己的力量站起来，收获会更大。

某人在屋檐下躲雨，看见观音正撑伞走过。这人说："观音菩萨，普度一下众生吧，带我一段如何？"观音说："我在雨里，你在檐下，而檐下无雨，你不需要我度。"这人立刻跳出檐下，站在雨中："现在我也在雨中了，该度我了吧？"观音说："你在雨中，我也在雨中，我不被淋，因为有伞；你被雨淋，因为无伞。所以不是我度自己，而是伞度我。你要想度，不必找我，请自找伞去！"说完便走了。第二天，这人遇到了难事，便去寺庙里求观音。他走进庙里，才发现观音的像前也有一个人在拜，那个人长得和观音一模一样，丝毫不差。这人问："你是观音吗？"那人答道："我正是观音。"这人又问："那你为何还拜自己？"观音笑道："我也遇到了难事，但我知道，求人不如求己。"

成功者自救，这是每一个有头脑的人都明白的道理。其实每一个人都有潜在的巨大能量，都能够把自己从困境中解救出来。所以，当你陷入困境无依无靠时，求人不如求己。

小蜗牛问妈妈："为什么我们从生下来，就要背着这个又硬又重的壳呢？"

妈妈说："因为我们的身体里没有骨骼的支撑，只能爬，又爬不快，所以需要这个壳的保护。"

小蜗牛问："毛虫姐姐没有骨头，也爬不快，为什么她却不用背这个又硬又重的壳呢？"

妈妈答："因为毛虫姐姐能变成蝴蝶，天空会保护她呀！"

小蜗牛又问："可是蚯蚓弟弟也没有骨头，爬不快，也不会变成蝴蝶，他为什么不背这个又硬又重的壳呢？"

妈妈说："因为蚯蚓弟弟会钻土，大地会保护他呀。"

小蜗牛哭了起来："我们好可怜，天空不保护我们，大地也不保护我们。"

蜗牛妈妈安慰它："我们有壳呀！我们不靠天，也不靠地，我们靠自己。"

如果我们天生一无所有，那就没办法奢求别人所拥有的优越条件，因为正是由于我们无处倚靠，才能磨炼出钢铁的意志。求人不如求己，也只有靠自己，才能把我们锻炼成最坚强的人，最优秀的人，最终成为最成功的人。

一位事业上颇有成就的人士，曾经这样谈起命运。

有人问他："这个世界到底有没有命运？"他说："当然有啊。"再问："命运究竟是怎么回事？既然命中注定，那奋斗又有什么用？"

这位成功人士没有直接回答那个人的问题，但笑着抓起他的左手，说不妨先看看他的手相。在给那个提问的人讲了一些生命线、爱情线、事业线等诸如此类的话之后，突然，他

对那人说："把手伸好，照我的样子做一个动作。"他的动作就是：举起左手，慢慢地且越来越紧地握起拳头。末了，他问："握紧了没有？"那人有些迷惑，答道："握紧啦。"他又问："那些命运线在哪里？"提问的人机械地回答："在我的手里呀。"他又追问道："请问，命运在哪里？"这时那人恍然大悟：命运在自己的手里！

这个故事告诉我们：不管别人怎么跟你说，不管"算命先生"如何给你算，其实，命运就在自己的手里，这就是命运的含义。靠天，靠地，靠别人，都不是改变自己命运的根本，只有靠自己，紧紧握住属于自己的命运线，用自己的努力去争取最后的成功，才是最明智的选择。

古往今来，凡成大业者，都懂得"奋斗"，即用其一生的努力，去争取自己所想要的东西。如果想做一个出色的人，就要坚强，要勇敢，要充满朝气，要在与别人的竞争中立于不败之地。一个依靠别人的援助求得发展的人，是没有资格也没有能力脱颖而出的。所以，不要期待别人能够真正帮你，只有自己才能救自己。

不断挑战自己，才能超越别人

不断挑战自己，超越别人，崇尚竞争，才能使自己在激烈的竞争中脱颖而出。

如果你是一位经济实体的领导，你一定会明白，市场经济中的核心内容是竞争。同时，这也是世人皆知的道理。人们所欣赏的那些成功人物都是通过竞争而逐渐脱颖而出，成为各个领域的佼佼者的。他们具有常人所不具备的坚韧毅力，勇于拼搏，不断进取。

强劲的竞争对手会使我们进步。

例如，邻居几个孩子同在一所高中读书，同时准备迎接高考，各自憋足了劲。学习间隙散步放松一下，看见人家灯光耀眼，就会联想到“开夜车”等，于是会告诫自己赶快回去做功课。

又如，在奥运会马拉松比赛中，跑在“第一集团”的选手人数多，情况良好，你追我赶，往往可能出现好成绩，甚至刷新世界纪录。相反，选手实力差距较大，一人独自领跑，连运动场也不容易热闹起来。

再如，一条繁华街路上，有几家规模大小差不多的饭店营业，其中一家扩大规模，或者更新经营品种等，其他几家往往也会改变自己的规模和经营方向，最终可能推动经营水平的提高。

由此看来，敌人乃至竞争对手，根本不足惧，也不足恨。相反，他还会给予你刺激，促使你进步。于是，我们说：追求进步的人，抱着主动寻求良性竞争对手的心情，或者以主动的态度正视竞争对手，是有益无害的。

一位动物学家对生活在非洲大草原奥兰治河两岸的羚羊群进行过研究。

他发现东岸羚羊群的繁殖能力比西岸的强，奔跑速度也不一样，每 1 分钟要比西岸的快 13 米。

对于这些差别，这位动物学家曾百思不得其解，因为这些羚羊的自下而上环境和属类是一样的。

有一年，他在动物保护协会的协助下，在东西两岸各捉了

10只羚羊，把它们送到对岸。

结果，运到西岸的10只羚羊剩下了3只，那7只全被狼吃掉了。

这位动物学家明白了，东岸的羚羊之所以强健，是因为在它们附近生活着一个狼群，西岸的羚羊之所以弱小，正是因为缺少这么一群天敌。

天才人物并不是天生的强者，他们的竞争意识并非与生俱来，而是在后天的奋斗中逐渐形成的。通过学习，你也能有胆有识，敢于竞争。

不要因为弱小而不敢与人竞争，只要相信弱者不弱，勇敢面对困难，你同样能培养出竞争意识。

自然界有一条定律，弱者自有自己的空间。的确，无论强者弱者都有一套适应自然法则的本领，只要你认真地生活着，并不十分在意自己的强大与弱小，只要你拥有自己游刃有余的空间，充分发挥自己的优势，到那时，你的优势会弥补你的不足，你定能获得别人也许苦苦求索也无法得到的东西。

妒贤嫉能的人是没有能力的表现，有了对手，才会有竞争，才会有更大的动力，去争取更大的成绩。

西方有一则谚言：

熊总督命猫头鹰和蛇一起捕鼠，并声言捕鼠有奖，而且捕得越多越好。猫头鹰和蛇领命而去，开始了捕鼠行动。

一天，鹿在森林里看到蛇正在爬一棵大树，旁边一只老鼠过去，蛇看到了并不去捉。鹿很诧异，问蛇："熊总督不是让你捕鼠吗？你怎么见鼠不捉呢？这树上没鼠，你爬树干吗？"

"嘘——小声点，"蛇吐出红红的芯子说，"你没见猫头鹰在树顶上蹲着吗？我得爬上去咬死它。”“咬死它？”鹿十分吃惊，“熊总督不是命令你和它一起捕鼠吗？”

“哼！咬死它我捕老鼠才更容易、更多，那样得到的奖赏也就更多。”

还有一个故事：

一位搏击高手参加比赛，自负地以为一定可以夺得冠军，却不料在最后的竞赛上，遇到一个实力相当的对手。双方都竭尽了全力出招攻击，搏击高手警觉到，自己竟然找不到对方招式中的破绽，而对方的攻击往往能够突破自己防守中的漏洞。

他愤愤不平地回去找他的教练，在教练面前，一招一式地将对方和他对打的过程再次演练给教练看，并央求教练帮他找出对方招式中的破绽。

教练笑而不语，在地上划了一道线，要他在不擦掉这条线的情况下，设法让这条线变短。

搏击高手苦思不解，最后还是放弃继续思考，请教教练。

教练在原先那条线的旁边，又划了一道更长的线，两者相较之下，原先的那条线看来变得短了许多。

教练开口道：“夺得冠军的重点，不在于如何攻击对方的弱点。正如地上的长短线一样，只要你自己变得更强，对方正如原先的那条线一般，也就无形中变得较弱了。如何使自己更强，才是你需要苦练的。只要如此，就能战胜你的对手。”

陷阱二十五：做强是根本，做大是盲目

民营企业是中国经济体制改革中涌现出的新军，其特色是数量多、规模小。可是，很多企业都不甘心只做一个小企业，都在做大企业规模上呕心沥血，但大多数都不能成为“将相王侯”，而以失败告终。企业要上档次、上规模，规模大可以获取规模经济优势这没错，但企业最优化的规模取决于最优的竞争，企业做大要经历一些阶段，不能人为打破，不是所有的企业都要做大。盲目做大是要付出惨重代价的。

盲目做大是“短视”行为

国际投资机构 IDG 创业投资基金的一位人士表示：“作为投资者，我们最关心的是所投资的企业能否提出自己的规划，拥有健康的未来。为什么眼下几乎所有的中国企业都在说‘我要做大’？经验告诉我们，很多企业就是因为做大才做死的。”

在我国的一些中小企业中，确实存在大量盲目做大的现象。新天国际副总裁金炜认为：这种现象的产生是由这部分企业的“短视”所致，而造成这种“短视”的，则在于有待完善的中国企业评估体系。

“对中国企业来说，目前成长的最大烦恼来自评估体系。对于某个企业，许多评估体系给出的答案通常一边倒，要么将它吹上天，要么将其贬得一无是处，这很不利于企业的健康成长。”金炜介绍说。目前对企业的评估主要分三个方面：财务、品牌和团队。事实上，利润率并不是衡量企业财务状况的唯一指标，强大的品牌也不可能一蹴而就，出色的团队和法人治理结构更非一朝一夕所能建成。

“中国的企业家们往往为评估、规模所累，‘短视’成了中国企业的通病。企业一旦将目标锁定在行业龙头上，就很容易走进一条死胡同，难以再走出来。”金炜一针见血地说。

就如何把握规模、品牌与效益之间的关系，一些明智的民营企业老板是有他们自己的独到见解的。

一家小型化工企业的老总说：“一个商人，经营一个1000平方米的商场可能会赚钱，可是，叫他去经营一个10000平方米的商场就可能会赔钱，甚至血本无归，因为内部管理和经营的理念不可能一下子就赶上。”他以自己的企业为例，“几年前，我自己发明研制了一种精细的化工产品，可以与进口商品相媲美，周边工厂都用我的货。由于我们是小规模生产，导致货物供不应求，企业效益甚佳。可前些时候，我想‘做大做强’，结果，由于是近亲繁殖，管理跟不上，倒赔了不少钱。”

的确，做大也要根据自身情况，盲目向大企业看齐是目光短浅的行为。

长春客车厂1954年建厂，是我国第一个五年计划重点发展的老企业，人们对它满怀深情。然而，经过五十多年的风风雨雨，这个老牌国有企业现在的发展情况并不尽如人意。现在客车厂发展中最大的难题就是缺少资金。中央提出振兴东北老工业基地，客车厂申请了5.9亿元资金发展企业。有人说，这个厂长太保守，没有战略眼光，客车厂应该学习一汽，争取更多的资金把自己做强做大。但是人们却忽视了一个问题：一汽生产的汽车面对千家万户，它可以生产百万产品；而客车厂生产的客车只能销售给铁道部，它每年只能生产一百个产品。做强可以，但要做大，那客车都卖给谁呢？

所以说，一个真正具有战略眼光的企业家是能够认清自身情况的，盲目做大只是一种“短视”行为。

“做大”还是“做强”

作为一个企业家，谁都希望自己的事业越做越大，成为具有影响力的大企业，可是实际情况却往往是“欲速则不达”，原因就在于在管理过程中往往“求大不求精”“求大不求强”。不少企业只知道盲目扩张，结果导致亏损甚至破产，代价非常惨重。

企业的“做大”往往是和“做强”联系在一起的。但实际上，企业“做大”不等于“做强”，这是两个截然不同的概念。“做大”体现的是经营规模的扩大化和业务领域的多元化，是外在形式的扩张；“做强”则是基础的夯实和竞争力的增强，是内力内功的积聚。从一定意义上讲，“做强”是“做大”的前提和基础。企业要想“做大”，首先要“做强”，如同一只鸟儿，无论抱负多么远大，要想展翅高飞，必须羽翼丰满，这需要“积跬步致千里”的耐心，更体现了厚积薄发的智慧，否则飞得越高摔得越惨。

1993年，青岛啤酒在香港发行H股，紧接着又在内地A股上市，提出了做大做强的战略。

此前青啤一直定位在中高档市场，从1993年开始，青啤前任总经理彭作义却希望收购当地啤酒品牌打入各省市的低端市场。为了迅速做大，自1993年到2001年间，青啤在全国收购了 43 家啤酒厂，结果其资产收益率却从 1993 年的 12%跌至 2001 年的 3%。

截止 2001 年，青啤的并购中有 42%属于破产收购。虽然一连串的并购使其一跃成为全国最大的啤酒企业，但同时也导致其负债累累，资产负债率高达 89%。过高的债务资产比率令青啤融资成本上升，利息支出大增，财务压力加大。

由此可见，盲目做大是不足取的。企业发展到一定规模，要想成功突围，首要任务就是戒除浮躁心理，坚信做强才能做大。

然而，在“大”与“强”的选择问题上，很大一部分中国企业家的思路可能还是选择迅速做大，然后期望可以做强。可这种选择缺乏战略上的积极安排，期望往往落空。中国已有太多迅速膨胀，然后又迅速崩溃的例子。从早期的“三株”“巨人”，到现在的科利华，大而不强、虚胖的企业数不胜数，即使很多尚处于领先地位的企业，如果仔细琢磨，会发现其根基也是非常薄弱的。所以，随意把“做大做强”放在企业战略中是一个很大的错误，因为这个企业放弃了选择，放弃了认真的思考，放弃了能够与众不同的机会。

事实是，只有强的企业才会真正做大。一个企业最终能否做大，要受很多条件的制约。比如说社会环境、国家经济的总体规模、世界经济一体化的状况，以及行业本身的特性等。然而一个强大的企业，必然会逐步发展到一个比较合适的规模。这个规模可能很大，也可能不大，因为最合适的规模是由企业所在的行业特性所决定的。

所以，从企业发展的角度来讲，做强才是根本，做大不过是结果。

生态位的选择：不能做老虎，就做好一只猴子。

大自然给每一个或每一群人都提供了一个适应其生长的特殊环境——生态位，且每一个生态位都具备一定的优势，也就是说要发现自己的生态位。对于一个企业来说，选择好自己的生态位是非常重要的。

受生态位的影响，人与人之间有着不可逾越的巨大差异，这种差异把人按能力大小排列在生存链上，如同自然界里的狼吃羊、羊吃草，下链成为上链赖以生存的食物。作为一个企业的老总，谁都不愿意自己的企业成为其他企业的下链，都希望自己能由羊变成狼，由狼变成狮。但是，当你的生态位决定了你只能是一只羊的时候，你就千万不要再去梦想做狮子、大象了。不能成为全球500强企业，成为全国500强或全省500强或全市500强也不错；不能成为中国企业的巨人，成为某一行业的巨人也未尝不可！

所以，不能做老虎，就做好一只猴子。

一个没有能力与大企业抗衡的中小企业，就不要去充当老虎的角色，而要甘心当一只猴子。猴子有猴子的优势，那就是灵活。如温州、宁波等地的中小企业，他们的经营思维是：船小不到大海中去同大船相争捕小鱼，而是在小河里捕大鱼。结果是他们赚的钱一点也不少。

所以说，好企业并不都是一年能赚几个亿或几十个亿的大企业。自然界检验一个物种成功的尺度，不是看他一年捕获了多少食物，而是看这个物种是否能延续下去。而检验一个企业是否成功的标准不是多强、多大，而是生存，能生存就是最好的企业。而偏离自己的生态位去硬把企业做大做强，是违背自然法则的，到头来非垮不可。

俗话说：人往高处走，水往低处流。小企业要把自己做成大企业，这本是件无可厚非的事。然而，企业的发展应该根据自身的特点而定。如果你自身的基础还很薄弱，市场环境也尚不成熟，盲目地追求做大，怎么可能成功呢？其实，大企业也不一定就好，小企业也有小企业的优势，比如反应快、应变能力强等。

所以，与其盲目扩张带来危机，不如把市场做实做细。

陷阱二十六：把简单的事情复杂化

人往往容易把一些简单的事情复杂化，越研究它，越觉得战胜它需要勇气，坚持，这样它就越复杂。实际上，很多时候，解决某些问题只需一个简单的意念，一个直觉，并且照着你的直觉去做，这样就能把自已从令人身心俱疲的思想纠缠中解救出来——看到问题的根本，原来事情就这么简单。

复杂是自设的“圈套”

某国捐赠了两只袋鼠给某国的一个动物园。为了好好哺育它们并使其繁殖更多的袋鼠，园方咨询了动物专家，然后耗资兴建了一个既舒适又宽敞的围场，同时，园方筑了一个1米高的篱笆，以免袋鼠跳出去逃走。奇怪的是，第二天早上动物管理员发现两只袋鼠在围场外吃着青草。刚开始，园方以为是篱笆不够牢固，但是他们绕着篱笆找了一圈，也没看见有别的出口。后来他们又认为是篱笆的高度不够，所以将篱笆加高了0.5米，心想这下没问题了吧。但是，第三天早上又看见袋鼠在围场外悠闲地吃草。管理员十分纳闷，只好再建议园方将篱笆增高到2米，但让管理员吃惊的是，第四天早上，袋鼠仍旧跑到篱笆外去了。

园方百思不得其解，这时，隔壁围场的长颈鹿忍不住问其中一只袋鼠：“你猜他们明天还会把篱笆加高多少？”

袋鼠笑着回答说：“这很难说，如果他们还是忘记关上篱笆门的话！”

世界上许多事原本都很简单，却因为人们复杂的思维模式而变得复杂。他们和这些复杂问题不断斗争，并且依据各种理论、各种经验，用一些他自己也不明确的方法来解决问题。实际上，解决这些复杂的问题，最好的方法就是运用简单思维。

一个农民从洪水中救起了他的妻子，他的孩子却被淹死了。事后，人们议论纷纷，有人说他做得对，因为孩子可以再生一个，妻子却不能死而复活；有人说他做错了，因为妻子可以另娶一个，孩子却没法复活。

哲学家听说了这个故事，也感到疑惑不解，他去问农民，农民告诉他，他救人时什么也没去想。洪水袭来，妻子在他身边，他抓起妻子就往山坡游，待返回时，孩子已被洪水冲走了。

假如这个农民将先救谁的问题复杂化，事情的结果会是怎样呢？

洪水袭来了，妻子和孩子被卷进漩涡，片刻间就要没命了，而这个农民还在山坡上进行抉择，救妻子重要呢，还是救孩子重要？也许等不到农民继续往下想救妻子还是救孩子的利弊，洪水就把他的妻儿都冲走了。

人们经常把一件事情想得非常复杂，在做事之前思前想后，再三权衡利弊，结果，等到想好了去做的时候，早已时过境迁，机会已经没有了。

问题就出在“把一切复杂化”上，这样就有意无意地给自己设置了许多“圈套”，在其中钻来钻去，殊不知解决问题的方法反而在这些“圈套”之外。

“简单”不简单

把复杂的问题简单化，用简单的思维解决问题，很多时候说起来简单，做起来却并不那么容易。因为简单也是一种智慧，简单也是一种境界。

白沙集团总裁、长沙卷烟厂厂长卢平就是一个“简单”的女性。她的发型、妆容、服饰都是简单的，没有点缀，没有渲染。但卢平绝不是那种为了事业就淡化性别的“中性人”，而是在简单中传递着一种朴实、含蓄之美，鲜明却不张扬。

卢平痛恨“繁复”。对于“繁复”的本质，卢平说：“繁复就是臃肿，是一种病态，就像人到中年发福。结果是越来越多的信息变作无效，越来越多的资源被浪费。但这却又是我们国有企业普遍存在的一个问题。这种‘繁复’，还不完全是指机构臃肿，关键是指人思想上的一种麻木和淡薄。”

“所以，我主张国有企业的管理要从繁复走向简单，去追求简单的生活，简单的美，然后使自已快捷地去‘反应’外界。”卢平直言：“我提倡：‘要把复杂问题简单化’，就是提倡一种集约、清晰、动态的处事方式。比如，我们进行干部考核，就是‘三看三不看’：看业绩不看表现；看结果不看过程；看功劳不看苦劳。过去我们国企在考核时经常将这些混在一起，弄得很复杂，最后还是说不清楚。”

另外，卢平还认为，简单能够规避风险。她说：“当你成为一把手时，不知不觉下面就开始对你只报喜而不愿意报忧了，结果企业的危机，老总最后一个知道！这时候如果你没有足够的理性思考和直觉判断，就很容易犯大错误。对企业来说，市场经济就像大海。‘泰坦尼克号’就是完全没有风险管理的一例。它压根儿从设计理念上就已经错啦！为什么救生圈只有一半？怎么会存在‘永不沉没’的船？企业要想避开‘冰山’，就要建立一个能快捷作出反应的预警系统。而预警，就需要信息传递的真实、迅速。如果我们的沟通不是宽带窄距，组织结构不够简明，责权不清，文多会多，就无法实现这一点，上传下达都是如此。”

从个人方面，卢平也追求简单。对此，她有一个信念：我要超脱。而她超脱的“程度”或许在企业界人士看来简直不可思议：“第一条就是我不参加任何社会应酬活动；第二条是不具体负责突发事件；第三条是我不具体抓业务。我追求的是简单、井然有序的工作境界。此外，周末我很少出门，也少谈工作。你问我在家里干什么？就是陪我的小孩儿玩儿，做女人该做的事情啊！”

卢平这样总结自己的这种“简单”观：“我相信，一个企业，特别是它的核心层，如果最终有能把复杂问题简单化的本事，那将是非常了不起的。”

这就是凡事喜欢“简单”的白沙总裁卢平。可以看出，她的“简单”其实并不简单。简单，追求的是高效、迅捷、超脱，更追求的是一种平和、客观的心态，它是一种能力。

复杂扼杀效率

英国奥卡姆人威廉的“思维经济原则”所倡导的“无情地剔除所有无用的累赘”，被人们形象地称之为“奥卡姆剃刀”法则。他指出，现在有许多所谓的“现代文明成果”实际上都是有害无益的，而许多管理者正在被自己制造的麻烦压垮——繁琐的会议、复杂的企业文化、不明确的目标等，这一切的一切，导致企业的效率越来越差，人心越来越涣散……其实，问题都出在复杂化上。解决这所有的问题只有一个办法，那就是运用“奥卡姆剃刀”，结束复杂化。

20世纪初期，亨利·福特将亚当·史密斯的“劳动分工原理”和弗雷德里克·泰勒的“制度化管理理论”用于福特公司的汽车生产上，形成了汽车流水作业线和金字塔式的组织结构。在当时来讲，这种精细分工和层层上报的结构模式，是有利于提高效率和加强部门管理的。因为，当时工人素质低、劳动力廉价，且技术水平有限，把企业的经营过程分解为最简单、最基本的工序，能够使员工只需重复一种简单工作，从而大大提高工作质量和效率。

但是进入20世纪80年代后，福特公司的这种经营管理模式日益显露出弊端。首先，分工过细使一个经营过程往往要经过若干个部门、环节的处理，整个过程运作时间长、成本高。另外，精细的分工增加了员工工作的单调性，致使工作和服务质量下降，员工缺乏积极性、主动性，责任感差。福特的这种迟缓的运作状态，更导致了它在快速多变的市场环境中处于被动。美国一家大型保险公司也吃尽了程序复杂化的苦头。随着业务的迅速发展和管理工作的日益复杂化，这家保险公司的客户进行索赔竟然要经过 250 道程序，结果客户怨声载道，客户数量也不断下降。

而且，为了把企业各部门、各环节衔接起来，福特公司需要许多管理人员，作为组织管理的信息存储器、协调器和监控器，于是，人员成本就成为了难以承受的重负。

复杂化管理，导致福特公司的组织机构臃肿，官僚作风严重，工作效率大大降低，危机悄悄逼近。

到了 20 世纪 90 年代初，福特汽车公司位于北美的应付账款部就有 500 多名员工，他们负责审核并签发供应商供货账单的应付款项。按照传统的观念，这么大一家汽车公司，业务量如此庞大，有 500 多名员工处理应付款是非常合理的，但日本马自达汽车公司负责应付账款工作的却只有 5 名职员。应付账款部本身只是负责核对“三证”，三证相符则付款，不符则查，查清再付。原本很简单的一件事，却被福特公司弄得如此复杂，并且浪费了这么多人力资源。这个 5 ∶ 500 的比率，让福特公司经理再也无法泰然处之了。福特公司迫于形势进行流程重组，完全改变应付账款部的工作和应付账款部本身。重组后应付账款部只有 125 人，仅为原来的 25%，这意味着节俭了 75%的人力资源。

复杂只会扼杀效率，这是必然的。因为企业的准则和制度如果过于复杂，员工在完成一项任务时，就必须得拿出很多额外的时间去应付那些毫无意义的请示、解释，就必须花更多的

精力去删繁就简，琢磨复杂化背后隐藏的主旨。所以，只有去掉复杂，启用简单，才能形成自始至终的经营战略，避免员工徘徊、摆动，避免企业失败。

在生活中，我们经常会遇到一些不好解决的问题，一般人往往会被问题复杂的表面所困扰，更甚的是把简单的问题复杂化，令自己头大了三圈，浪费了不少的资源，而结果却是徒劳无功。所以，解决问题最忌讳的就是把简单直接的事情变得复杂，这样问题就会难以解决，严重影响办事的效率。

陷阱二十七：虚荣是女人美丽的外衣

美丽，是每一个女人都在日思夜想的东西。如果有幸天生丽质，你是一个美丽的女人，那千万不要在女人的艳羡和男人的追逐中迷失了自己。因为在这个充满诱惑的时代，对于一个美丽的女人来说，路途上更是布满了陷阱，一旦掉进去，美好幸福的一生也会随之被吞噬。

美丽的“笨”女人

关于美女，有一个名词叫做“花瓶”。其意大概是，作为一个漂亮的女人，没有什么内涵和能力，只能摆在那里像只花瓶一样供人观赏，多用来形容那些空有其表的美丽女人。一个女人一旦拥有美丽，往往就会骄傲，就不会安下心来学习和工作，掉进自己的美丽陷阱，成为一个美丽的“笨”女人。

一个金发碧眼的女人上了飞机，在头等舱坐下。空姐过来检票，告诉她：“您的机票是普通舱的，不能坐在这里。”女人说：“我是白种人，是美女，我要坐头等舱去洛杉矶。”空姐无可奈何，只好报告组长。组长对美女解释说：“很抱歉！您买的不是头等舱的票，所以只能坐到普通舱去。”“我是白种人，是美女，我要坐头等舱去洛杉矶。”美女仍然重复着那句话。组长没办法，又找来了机长。机长俯身对美女耳语了几句，美女马上站起身，大步向普通舱走去。空姐惊讶不已，忙问机长跟美女说了些什么，机长回答：“我告诉她头等舱不到洛杉矶。”

这位美女的智商也的确不够坐头等舱。有人说，漂亮女人不读书不工作。不读书不工作，靠什么混呢？靠脸蛋。白种人、美女，凭这两条，就敢往头等舱里混，而且理直气壮，这就是美女的不同之处。骄傲、浅薄、无知，就是这类美女的通病。

有一种流行的说法叫做“干得好不如嫁得好”。女人嫁好是一条捷径，一切想要的东西都“得来全不费工夫”。当然，你得有嫁好的资本。通常的情况是，女人用自己的青春和美貌去交换男人的财富和权力。这正是一个美丽的“笨”女人过上衣食无忧生活的必经之路。

一个女人把她的结婚证书装进档案袋里，然后不无幽默地写上四个字：长期饭票。有人说仅仅交换到一张“长期饭票”的女人，一定不是美女。否则，她可以交换到一部自动提款机。

既然身为美女可以通过婚姻得到一部自动提款机，那何必还要辛苦地工作赚钱，只要保持自己的美丽就够了。在这种心态下，很多美女就不再努力，而是趁着年轻美貌及早物色“自动提款机”。殊不知，青春终会逝去，为了你的美貌才和你生活在一起的男人并不可靠，财富、地位，所有的一切都有可能随着美丽的消失而失去。只有靠自己的学识才干、靠自己的奋斗得来的东西才更有价值、更为长久。所以说，不要做花瓶，不要成为一个美丽的“笨”女人，很多时候，聪明比美丽更重要。

越美丽越虚荣

虚荣心，每个女人都有。事实证明，越是美丽的女人越容易虚荣。比如莫泊桑那篇著名短篇小说《项链》中的女主角，假如她是一个相貌丑陋的女人，又怎么会为了一夜风光而消耗十年青春？女人，由于美丽而惹人注目，被人夸赞，天长日久便认为自己应该得到比别人更多更好的东西，从而变得虚荣，并由虚荣引发许多问题。

晶身材高挑，容貌靓丽，在一家大公司做翻译。她从不否认自己是一个物质的女人，她觉得自己作为一个出色的女人，绝对有追求物质最大化的权利和资本。因为工作的关系，晶常常随公司的老总出入各种高档场所，耳濡目染那些有钱人潇洒、奢华的生活，心里不知有多羡慕。可是，对于出身平民之家、每个月只有2000多元工资的她而言，要想过上那种生活，便只有嫁个有钱人这一条出路。

浩的出现，仿佛是上帝听见晶内心的祈祷而赐给她的礼物。浩是晶公司的一位大客户，年轻、英俊，最重要的是他很富有。他对晶一见钟情，接下来便采用玫瑰、高档服饰和钻戒的攻势，很快就彻底俘获了晶的芳心。

晶的生活从此开始与众不同，天天上下班有名牌跑车接送，衣着光鲜亮丽，消费的限度不再是价格的高低，而是她内心的欲求。在公司里，她不用再为五斗米折腰，她开始不卑不亢地发表自己的见解，因为工作已不再是她生存的唯一依靠。而晶能潇洒地应对这一切都是以金钱作背景，这样的生活让她神采飞扬，虚荣心得到了极大满足。

可是好景不长，浩对晶的感情热度在他们住到一起半年后就渐渐地变冷了。他开始经常半夜三更打电话给别的女孩子，渐渐地又开始晚归或者不归。晶知道他曾经对她做过的一切此刻都正在某个女孩子身上重演。但为了嫁个有钱人的夙愿，为了已经膨胀起来的虚荣心，晶对此没有发出任何怨言，因为她知道，像浩这样英俊潇洒的钻石王老五，觊觎他枕边位置的人绝不只她一个，她之所以能一直留在浩身边，就是因为她对他宽容大度。

晶的故事还没有结束，面对浩越来越放纵的行为，她心里的痛苦也越来越无法隐藏。不管结局如何，像晶这样一个才貌双全的“白骨精”，却能够忍受一个花花公子长达两年的“雪藏”，也无非是为了有朝一日能嫁进豪门，从此过上人人羡慕的贵妇生活。

这样的虚荣正是很多美女的通病，“郎财女貌”已经成为她们的信条。殊不知，就算你真的攀上高枝，最后可能也不过是一只关在笼中的金丝雀，羽毛亮丽，内心落寞——外表珠光宝气，衣来伸手饭来张口，实际上却要忍受许多苦，比如长时间地独守空房，老公在外泡小蜜，还要时刻担心某一日老公会拿出十万雪花银再搭配一张离婚证书……这样就是再锦衣玉食，也不会感到幸福。

不仅如此，有些女人为了满足自己的虚荣心而“傍大款”，充当别人家庭的第三者，不惜用自己年轻的身体换取安逸的生活，更有甚者，为了虚荣走上堕落的道路，那就更让人叹息了。

不做“人造美女”

美丽是许多人都向往的，青春年少的女孩们，更希望自己有足够值得骄傲的外表。这样的爱美之心本来无可厚非，但如果本身没有所谓的美丽形象，又特别在意自己的外表，从而想到整容，也就是变成一个“人造美女”，那就一定要仔细考虑一下这样做是否值得了。

有一个刚上高二的女生写信给一位时尚杂志的编辑，她说自己的理想是当一名演员，因为从小到大她都能歌善舞，也有不错的表演天分。可令人着急的是，她的个子长到一米六之后就“冻结”了，而且在她想选择考音乐特长进艺术学校的时候，指导专业的老师又一次打击了她——“你长得不够漂亮”！失望的她此时刚好在电视上看到了全国各地的“人造美女”风起云涌。她问这位编辑：要做一个“人造美女”到底需要多少钱？听说连个子也可以增高，这是真的吗？在信的末尾，她坚定地说：“我要通过改变我的外表，来改变我的人生。”

为了回答她的问题，这位编辑特意去拜访了一位美容业的朋友，得到的答案着实让人心惊。暂且不去说高额的费用，单是增高手术的“术法”就够让人恐惧的了。增高手术就是人为地把已经长好的完整骨骼和肌肉活生生地拉伸，据说做了增高手术后起码六个月内生活无法自理，更吓人的是增高不成功还有残疾的危险。

即使如此，为了美丽，还是有很多人勇敢地站出来，铤而走险，想为自己赢得美丽。毕竟痛苦是暂时的，美丽是长久的，就像那位想“通过改变外表来改变人生”的女孩一样，认

为美丽的外表对于一个女人来说是无比重要的。

其实，青春就是美的资本，自信才是美的催化剂。只要足够自信，就会是最美的。美丽的外表固然让人赏心悦目，但美好的内心给人的印象更深刻。如果过多追求外表的美而忽略内在修养的提升，就算你花掉巨资经过痛苦的身体煎熬，也就是一个花瓶，得到的比失去的更多。所以说，不要轻易尝试整容，“人造美女”再美丽、再动人，也不过是人造的，失去本真的心，才是最大的损失。

一个女人拥有美丽似乎就比别人多出了很多东西，她们让人羡慕，但不一定就会幸福。

原因是，美女面前，有着比别人更多的诱惑，更多的陷阱。因为美丽，她们忽视内心，她们更加虚荣；因为美丽，她们不甘平凡，她们不断追逐；因为美丽，她们沉溺物欲，最后葬送自己平凡但真实的幸福。所以，如果你是一个美丽的女人，一定要守住自己的内心，不要因为美丽误入歧途；如果你并不美丽，也不要过分追求。因为美源自内心，真实才是最重要的。

陷阱二十八：苛求别人的赞美不如自我欣赏

我们赶上了一个残酷的时代，竞争激烈，你强还有比你更强的，因此人人自危，大多数人对自己心怀不满。但我们也赶上了一个自由的时代，一个前所未有的张扬个性、并最大限度地实现自我的时代。然而很多时候我们尽最大努力做了自己想做的事，却得不到别人的认可和赞美，因此开始怀疑自己。

学会自我欣赏

“想唱就唱，要唱得响亮，就算没有人为我鼓掌，至少我能够勇敢地自我欣赏……”估计现在没有人不知道《超级女声》，没有人不知道这几句歌词。“超女”在全国范围内掀起了一股巨浪，“超女”现象也引起了社会各界褒贬不一的争议。尽管如此，还是有不计其数的人为之狂热。

有关人士认为，之所以有这么多人关注这个节目并为之痴迷，或许是因为节目的主题突出的好：“想唱就唱，自我欣赏”。说出了很多普通人的心声，毕竟每个人作为一个个体首先要学会欣赏自己，爱自己。正是在这一主题的倡导下，很多人从“超女”海选就一直跟踪而来，几个月的时间，和超级女生们共同经历了许多动人的场景，看着超女们在成长，倾注了自己的欢笑和泪水、喜悦和悲伤。正是这种共同的体验，一路相伴，把这个本来算不上经典的节目搞得沸沸扬扬，家喻户晓。

可见，自我欣赏是很多人认为正确的事。没有人赞美，没

有关系，我们自己欣赏自己，自己赞美自己；没有人鼓掌，也没有关系，我们自己给自己加油，自己给自己鼓掌。这是一种勇敢而自信的态度，也是一种境界。

比如，写好了的文章不一定要发表，但能把自己的心情尽情地挥洒于笔端，自己来欣赏，也是一种肯定；买一件新衣服，穿上了不用强求别人夸奖，对着镜子欣赏自己自信的笑容，也是一种快乐；买一束花，不一定让别人品评是否美丽芬芳，自己看着娇艳的花瓣沉醉在淡淡的清香中，也是一种享受；做一件好事，不一定要很多人知道后给予夸奖，自己能从中体验到自我存在的价值，也是一种超然；长的不一定漂亮，但勇敢地打扮自己，用智慧和修养丰富自己，也能形成一种独特的风格，为别人所注目。所以，勇敢地自我欣赏，是抛却自卑心理，让自己的生命之花绽放得格外艳丽的必经途径。

有一个女孩认为自己长得丑，一直逃避照镜子，可在她22岁生日那天却收到了一件特别的礼物——一面漂亮的穿衣镜。她恼恨地想：是故意取笑我的吧，长得丑又不是我的错，干吗还要用镜子来提醒我啊？这时恼火的她在那张生日贺卡上发现了这样一句话：每天在镜子前自我欣赏30分钟，相信我，这不会很难。落款处是一个说爱她的男孩的遒劲的签名。

那个男孩是她的师兄，一个很优秀的男孩子。在一次舞会上，大受女孩欢迎的他竟然从一大群女孩中穿过，径直走到藏在角落里的这个“丑”女孩面前，邀请她跳舞。隐身成功的她因为他，一下子成了众人瞩目的焦点，她甚至听到了不屑的轻哼声。她想，他请我跳舞，是怜悯，是同情，还是故意令我难堪？于是她冷冷地说了声：“多谢好意。”然后拂袖而去。

也许那次拒舞让男孩印象深刻，这以后他们竟然多次在不同的场合相遇，有一天，他很突然地对她说：“你真是个特别的女孩，知道吗，我爱上你了！”他的表白让她不知所措。以自己的平凡，她不相信他会真的爱上她，因为他那么优秀。

想着想着，她又看到了贺卡上那句话：每天在镜子前自我欣赏 30 分钟，相信我，这不会很难。于是她取过他送的镜子，第一次认认真真地审视着自己。结果发现，原来自己的肌肤很白嫩，眼睛不大但很有神……

终于，一直自认很丑的女孩发现了自己的动人之处，她抛开了自卑，接受了男孩的爱，爱情滋润下的她更加容光焕发。

所以，学会自我欣赏是对自己的审视和肯定，是自信的前提。

为自己的优势而欣赏自己

一位活跃在网上的诗人，每贴出一首新作，就随即附上一个帖子，说自己的诗多么迷人，自己越看越爱。对此，一些网友看不惯，说他自恋。

其实，对于这个天真得近乎小孩子的诗人，且不说他确实写出了个人风格突出的好诗，退一步讲，即使不欣赏其诗才，也应容忍乃至欣赏这种自我欣赏。自我欣赏就是爱自己，连自己都不爱，谁能爱你？连自己都不喜欢笔下的作品，怎么指望人家读了如痴如狂？再说，假如没有这种自我欣赏的心态，每写出一首诗总觉得不好，那又怎敢贴到网上给别人评论？那他又怎么有可能成为真正的诗人？

所以，自我欣赏首先就是给自己机会：我认为自己可以，

那我就表现自己，不论你们的评价如何，不管你们是否给我赞美，我都尽我所能地把自己认为好的方面展示出来，能有展示的机会就有出头的机会。

最近企业界比较流行一句话：糟糕的经理让你讨厌、甚至憎恶他；表现良好的经理你会喜欢他、爱戴他；最优秀的经理会让你欣赏和喜欢你自己。说的就是自我欣赏对于一个人发展的价值。

马克刚刚被提升去管理一个新的团队。按照以往的经验，马克很快就会把这批人分成两部分，一部分有能力的被留下，另一部分不适合现有环境的被淘汰出局，然后找来“自己人”去补缺。一些“识时务”的员工纷纷主动离开了，新的工作氛围紧张而富有个性。留下来的同事都在争先恐后地做事，只有约翰在苦苦挣扎。谁都知道约翰很聪明，能力可以胜任这项工作，但是不知道为什么，他在新的环境下却毫无建树。他自己也表现出极度不自信和抵抗的状态，心不在焉地等候着被新上司解雇。

但是马克从自己的上司那里得知，约翰在几个月前还是业绩非常优秀的员工。那时约翰正在为十分看重他的前任做事，业绩不断创出新高。他们相互信任，合作密切，但是随着这位经理的离职，约翰的业绩也大幅下滑。

根据这一观察，一向知人善任的马克猜测约翰是一个喜欢被委以重任的人，他需要一个能够充分展示自我的平台，就像有些人总是需要被认可一样。他抓住约翰的迫切要求，把他放在对公司有重大价值的地方，开拓新业务。约翰很快就如鱼得水，他在这个能够充分发挥才干的位置上再次创造出了奇迹。

他曾不无骄傲地对同事说："虽然我不喜欢马克的某些做事方式，但是他总算做对了一件事——做拓展工作确实使我自信而且快乐。"

这句话传到了马克耳朵里，马克只是笑笑说："他只要喜欢和欣赏自己就好了，至于是否尊敬或喜欢我倒是没什么关系。"

每一个人都有自己的优势，在某一方面具有卓越的才干，但是极少数人能够真正了解自己的真实才干。一个优秀的经理会扬长避短，就像马克那样，让员工不为自己的欠缺所烦恼，而是为自己的优势而欣赏自己。

欣赏自己的人往往自信而快乐，并极力发挥自己的才能，这样工作起来效率就会大大提高，发展的机会也会随之增多。

人有喜欢被人奉承的天性，谁都喜欢听赞美自己的话，要不然就不会有那么多溜须拍马的小人得志了。但是，我们是一个个平凡的人，你怎么样，你做了什么，别人没有义务给你赞美。没有别人的赞美我们就放弃做自己的事了吗？当然不是，我们可以自己欣赏自己。

想一想，抛开先哲亘古的遗训，不再谦卑退让、不再唯唯诺诺，对整个世界豪迈地说："我真棒！"那是一件多么痛快的事！

看到自己的价值

在一次讨论会上，一位著名的演说家没讲一句开场白，手里却高举着一张20美元的钞票。

面对会议室里的200个人，他问："谁要这20美元？"一只只手举了起来。他接着说："我打算把这20美元送给你们中

的一位，但在这之前，请允许我做一件事。”他说着将钞票揉成一团，然后问：“谁还要？”仍有人举起手来。

他又说：“那么，假如我这样做又会怎么样呢？”他把钞票扔到地上，又踏上一只脚，并且用脚碾它，而后拾起钞票，钞票已变得又脏又皱。

“现在谁还要？”还是有人举起手来。

“朋友们，你们已经上了一堂很有意义的课。无论我如何对待那张钞票，你们还是想要它，因为它并没有贬值，它依旧值20美元。在人生的路上，我们会无数次被自己的决定或碰到的逆境击倒、欺凌甚至被碾得粉身碎骨。我们觉得自己似乎一文不值，但无论发生什么，或将要发生什么，在上帝的眼中，你们永远不会丧失价值。在他看来，肮脏或洁净，衣着齐整或不齐整，你们依然是无价之宝。”

只要来到这个世界上，每一个人就有每一个人的价值，那就是生命的价值。我们生命的价值不依赖于我们的所作所为，也不仰仗我们所结交的人物，而是取决于我们本身。如果眼睛里只看到别人，老是拿别人的标准来衡量自己、要求自己，最终只会人云亦云，失去自己的个性，一事无成。而看到了自己的价值，就能够做到不在乎别人怎么说、怎么看，只要定下前进的目标，选准到达目标的路线，心无旁骛，重视自己，终能厚积薄发，成就事业。

一个人是正确的，他的世界就是正确的

一位牧师正在准备讲道的稿子，他的小儿子却在一边吵闹不休。牧师无可奈何，便随手拾起一本旧杂志，把色彩鲜艳的一幅世界地图，撕成碎片，丢在地上，说道：“小约翰，如果你能拼好这张地图，我就给你两角五分钱。”

牧师以为这样会使小约翰花费一上午的大部分时间，但是没过10分钟，儿子又来敲他的房门。牧师看到约翰如此之快地拼好了一幅世界地图，感到十分惊奇：“孩子，你怎么这样快就拼好了地图？”

小约翰说：“这很容易，在另一面有一个人的照片，我就把这个人的照片拼到一起，然后把它翻过来。我想如果这个人是正确的，那么，这个世界也就是正确的。”

牧师笑了，给了他的儿子两角五分钱，并说：“你替我准备了明天讲道的题目：如果一个人是正确的，他的世界也就会是正确的。”

这个故事告诉我们：如果你想改变你的世界，改变你的生活，首先就应改变你自己。如果你的心理态度是积极的，你的生活也会是快乐的；如果你的心理态度是消极的，那么，你的生活也会是忧伤的。千万不要忽视你自己，因为你的生活、你的世界就是由你自己决定的。

一个人在高山之巅的鹰巢里抓到了一只幼鹰，他把幼鹰带回家，养在鸡笼里。这只幼鹰和鸡一起啄食、嬉闹和休息，它以为自己是一只鸡。后来这只鹰渐渐长大，羽翼丰满了，主人想把它训练成猎鹰，可是由于终日和鸡混在一起，它已经变得和鸡完全一样，根本没有飞的愿望了。主人试了各种办法，都毫无效果，最后主人把它带到山顶上，一把将它扔了出去。这只鹰像块石头似的，直掉下去，慌乱之中它拼命地扑打翅膀，就这样，它终于飞了起来！

如果你把自己当作一只鸡，你就永远只能生活在鸡笼里；

如果你把自己当作一只鹰，当你展翅高飞时，你能拥有的就是整个天空。很多本来有鹰的能力的人，由于忘了自己是鹰而甘愿和鸡在一起，这样时间久了他也就变成了一只鸡，失去了飞翔的能力。

所以，一个人对自己有一个正确的评价很重要。俗话说：人贵有自知之明。一个人能够正确地认识自己，优点也好缺点也好，都不能忽略掉，然后在生活的点点滴滴中不断地完善自我，在与别人的交往中取长补短，就能实现自我价值的增值，最终实现成功的梦想。

自己做自己的支柱

春秋战国时代，一位父亲和他的儿子出征打仗。父亲已做了将军，儿子还只是个马前卒。又一阵冲锋的号角吹响，父亲庄严地托起一个箭囊，其中插着一支箭。父亲郑重地对儿子说：“这是支家传宝箭，佩带在身边，会使你力量无穷，但千万不可抽出来。”

那是一个极其精美的箭囊，露出的箭尾是用上等的孔雀羽毛制成的。儿子喜上眉梢，贪婪地推想箭杆、箭头的模样，耳旁仿佛有嗖嗖的箭声掠过，敌方的主帅应声而毙。

果然，佩带宝箭的儿子英勇非凡，所向披靡。就在胜利的号角即将吹响的时候，儿子再也禁不住得胜的豪气，完全背弃了父亲的叮嘱，强烈的欲望驱赶着他拔出宝箭，试图看个究竟。骤然间他惊呆了。

一支断箭，箭囊里装着一支折断的箭。

“我一直挎着支断箭打仗呢！”儿子吓出了一身冷汗，仿佛顷刻间失去支柱的房子，意志轰然坍塌。

结果不言自明，儿子惨死于乱军之中。

拂开蒙蒙的硝烟，父亲捡起那支断箭，沉重地啐一口道：“不相信自己的意志，永远也做不成将军。”

不相信自己的意志，永远也做不成将军。把胜败寄托在一支箭上，多么愚蠢。每个人都有一个支撑自己的精神支柱，既是支柱就一定要稳固，不然自己的世界随时都有倒塌的可能。那么把什么作为支柱最好呢？事实证明，没有任何东西比自己更可靠。

因此，自己做自己的生命支柱，相信自己的意志，就没有什么能够打倒你。

很多时候，我们容易妄自菲薄，认为自己微不足道，平凡到什么都做不成。其实，最渺小的人也有他的长处，关键就看你是不是懂得重视自己。一个重视自己的人，会时时肯定自己并由此赢得自信；一个重视自己的人，会经常提醒自己从而获得提高。重视自己，是一种品质。不重视自己，说明你还有缺陷。你还需要努力完善自己。

陷阱二十九：给自己留出一点空闲时间

人人都有这种感觉，这是一个充满竞争的时代，不进则退。如果你不以十二万分的精力和汗水去拼搏，就注定会被别人淘汰，所以每个人会面临许多压力：物质的压力、精神的压力、事业的压力、感情的压力，这种种的压力堆在一起让人几乎喘不过气来，只剩下盲目与混乱。因此，很多时候，我们需要留出时间休息一下，给自己的生命留下一点空隙，就像两车之间的安全距离，留出缓冲的余地，这样才能随时调整自己，进退有据。

学会缓解压力

加拿大魁北克有一条南北走向的山谷。山谷没有什么特别之处，唯一能引人注意的是它的西坡长满松、柏、女贞等树，而东坡却只有雪松。这一奇异景色让许多人迷惑不解，然而揭开这个谜的，竟是一对夫妇。

那是1993年的冬天，这对夫妇的婚姻正处在破裂的边缘，为了找回昔日的爱情，他们打算做一次浪漫之旅，如果能找回就继续生活，否则就友好分手。他们来到这片山谷的时候，下起了大雪，他们支起帐篷，望着满天飞舞的大雪发现，由于特殊的风向，东坡的雪总比西坡的大且密，不一会儿，雪松上就落了厚厚的一层雪。不过当雪积到一定程度时，雪松那富有弹性的枝丫就会向下弯曲，直到雪从枝上滑落。这样反复地积，反复地弯，反复地落，雪松完好无损。可其他的树，却因为没有这个本领，树枝被压断了。妻子发现了这一景观，对丈夫说：“东坡肯定也长过杂树，只是不会弯曲才被大雪摧毁了。”少顷，两人突然明白了什么，拥抱在一起。

生活中我们承受着来自各方面的压力，这些压力积累着终将让我们难以承受，这时候，我们需要像雪松那样弯下身来，卸下重负，才能够重新挺立，避免被压断的结局。学会缓解压力，并不是低头认输，而是一种弹性的生存方式，是一种生活的艺术。

有位先生在公司里的人缘很好，他性情温和、待人和善，几乎没人看他生过气。有一次一位同事经过他家，顺道去看他，却发现他正在顶楼上对着天上飞过来的飞机吼叫，同事好奇地问他原因。

他说：“我住的地方靠近机场，每当飞机起落时都会听到巨大的噪音。后来，当我心情不好或是受了委屈、遇到挫折，想要发脾气时，我就会跑上顶楼，等待飞机飞过，然后对着飞机放声大吼。等飞机飞走了，我的不快、怨气也被飞机一并带走了！”同事恍然大悟，怪不得他脾气这么好，原来他知道如何适时宣泄自己的情绪。

一味地压抑心中不快，并不能解决问题。在生活步调紧凑繁忙的现今社会中，人人都应学习如何缓解自己的精神压力，学会自我调节，如此才能活出健康豁达的人生！

“懒蚂蚁”的 80/20 法则

日本北海道大学农学研究生院的进化生物研究小组对三个分别由 30 只蚂蚁组成的日本黑蚁群的活动进行了观察。结果他

们发现，大约80%的蚂蚁从事某种工作，例如清理蚁穴垃圾或收集食物，很少停下来休息，但其他工蚁则整日无所事事，几乎不参加任何劳动。人们把它们叫做“懒蚂蚁”。

一般情况下，我们要表扬那些勤劳的蚂蚁，批评不劳而获、游手好闲的懒蚂蚁。可后来，有趣的情况发生了：当生物学家在这些“懒蚂蚁”身上做了标记，并且断绝了蚂蚁的食物来源时，那些平时工作很勤快的蚂蚁一筹莫展，而“懒蚂蚁”则“挺身而出”，带领众伙伴向它早已侦察到的新的食物源转移。

生物学家又把“懒蚂蚁”全部抓走放在一起，结果其中80%的“懒蚂蚁”变成了勤劳蚂蚁，仍然有20%的蚂蚁“懒惰”依旧。而这时，失去了“懒蚂蚁”的蚁群中的所有勤劳蚂蚁都停止了工作，乱作一团，直到把那些“懒蚂蚁”放回去后，整个蚁群才恢复繁忙有序的工作。

以蚁群反观我们生存的职场，我们就会发现，现实情况也是如此。你的同事中，有的就像“懒蚂蚁”，看上去十分自由散漫，但却成绩斐然；有的就像“勤劳蚂蚁”，整天忙忙碌碌，到年终总结时却无功可言。由此可以看出，懒其实也并不是一无是处。勤与懒相辅相成，勤有勤的原则，懒有懒的道理，懒未必不是一种生存的智慧。

这里的“懒”当然是要加引号的，并不是指实际意义上的懒惰品行，而是指通过一种忙里偷闲的适时调整，提高自己的效率，同样的工作能在比别人短的时间内完成。不仅如此，关于“懒蚂蚁”还有一套80/20法则：

1. 在工作中，留出20%的时间来放松一下，你会发现剩下的 80%的时间效率会更高；

2. 只有 20%的时间可以偷懒，其余 80%的时间还得勤劳工作；

3. 对于一个自认为十分忙碌的人，那他可能只有 20%的时间在真正地忙碌，剩下 80%的时间是在假装忙碌；

4. 如果你分析一下自己的工作，你会发现 80%的乐趣来自 20%的工作内容；

5. 工作中，80%的灵感或创意来自于 20%的休闲时间。

这样说来，“懒蚂蚁”其实代表了一种智慧，那就是跳出繁杂枯燥的工作，适时调整自己，放松自己，从而获得更高的工作效率。

一位日本企业家在二战后看到美国的工作方式十分震惊，同时他也对自己民族作了深刻的反省：“日本人的勤劳可以说是世界第一，正因为如此，反而忽略了运用智慧，忽略了如何使工作做得更轻松愉快。”

还有瑞典人，他们的生活可以用六个字总结，就是“悠闲、舒适、简洁”。每个人做事都是不紧不慢的，并且总是留出时间来休息。就是在工作时，早晨九点半和下午三点也是“雷打不动”的喝咖啡时间。但是这并不是懒散。真正工作的时候，瑞典人是相当严谨的。到了周末，瑞典人全家都会开着车或驾着游艇外出郊游。这样适当的休闲不但愉悦了身心，同时也使自己身上的压力减轻了许多。

所以说，适当的休闲不仅仅是娱乐，它还具有恢复精神的效果，是促使下一个工作有效完成的最好方法。其实休息也是

工作的一部分，唯有适当地休息，才能有效地工作。这也属于“懒蚂蚁”的 80/20 法则。

在中国绘画中，“留白”是一种高明的意境，因为留白，反而有更多的创意空间。学会偷闲，学会在工作的间隙留出时间调整自己，就是职场中的留白技巧，要不然，满眼黑压压的工作，人生何趣？正因为这片白，一幅画作才有神有韵，正因为这片白，工作才有滋有味。

用快乐之水冲淡苦味

把一只苦胆的胆汁滴进水中，苦味会越来越淡还是越来越浓？胆汁入水，味则变淡。

有一天，城郊的寺庙里来了一位很富态的中年妇人。据她说，她最近老是失眠，无论面对多么鲜美的饭菜都没胃口，浑身乏力，懒得动，做什么事都没有激情，很想了却尘缘，遁入佛门……方丈是个懂得医术之人，他听那位妇人描述完后，便说：“不忙，待老衲先给施主把把脉如何？”妇人点头应允。切完脉，观完舌苔，方丈微微一笑：“施主只是心中有太多的苦恼事，体有虚火，并无大碍。”顿了一下，方丈又接着说：“只是施主心中藏着太多烦恼而已。”中年妇女被点醒，心里暗叹神奇，便把心中所有事情逐一向方丈说明。方丈很随意地跟她聊着：“你家相公与施主感情如何？”妇人脸上有了笑容，说：“感情很好，耳鬓厮磨十几年从未红过脸。”方丈又问：“施主膝下有无子女？”妇人眼里闪出光彩，说：“一个小女，很聪明，也很懂事。”方丈又问：“家里的布匹生意不好吗？”妇人赶忙摇头说："很好，家里的生活算得上是镇上的富人家了……"

方丈铺开纸墨，边问边写，左边写着她的苦恼之事，右边写着她的快乐之事，然后把写满字的这张纸放到妇人面前，对妇人说："这张纸就是治病的药方。你把苦恼之事看得太重了，忽视了身边的快乐。"说着，方丈让徒弟取来一盆水和一只猪苦胆，把胆汁滴入水盆中，浓绿色的胆汁在水中淡开，很快就不见了踪影。方丈说："胆汁入水，味则变淡。人生何不如此？施主，不是您承受了太多的苦痛，而是您不善用快乐之水冲淡苦味啊！"

当我们在为种种苦恼之事而感到失落甚至落泪时，其实快乐就在身边朝我们微笑。做一个快乐的人其实并不难，拥有一个幸福的人生也很简单，只要记住三条：不要拿自己的错误惩罚自己，不要拿自己的错误惩罚别人，不要拿别人的错误惩罚自己，你的人生就不会太累。

记住：不要让烦恼的"苦胆"越来越浓。

因为烦恼，一些本可以成为天才的人物正做着极其平庸的工作；因为烦恼，很多人把大量的时间和精力耗费在了无谓的烦恼上。世界上没有一个人因烦恼而获得好处，也没有人因烦恼而改善自己的境遇，但烦恼却在随时随地损害着我们的健康，消耗着我们的精力，扰乱着我们的思想，减少着我们的工作效能，降低着我们的生活质量。精力分散使人无法顾及应该做的事情，思想紊乱会使人失去清楚思考、合理规划的能力，大脑中一旦有了烦恼的"苦胆"甚至是"毒汁"后，注意力就很难集中。

人生在世，其实是为自己而活。人，出生于什么样的环境、什么样的家庭，自己固然没有办法选择，但却可以选择自己的生存方式。能以各种各样的方式活着，不仅是一个人最起码的要求，也是一个人在人生大舞台中必须承担起来的角色，在不同的时期、不同的场合，要掌握扮演生、旦、净、末、丑各种角色所表现的不同内容。

每个人来到这个世界上都是不容易的，也是幸运的，既然这样，我们就应该珍惜和善待我们的人生，快乐和充实地度过每一天。

陷阱三十：做人太贪婪容易走入歧途

“贪”的本义指爱财，“婪”的本义指爱食，“贪婪”指贪得无厌，特指对与自己的力量不相称的某一目标过分的欲求。一个人一旦掉进贪婪的陷阱，就没有满足的时候，反而是得到的越多，胃口就越大。其实，古语中就有“天下熙熙，皆为利来；天下攘攘，皆为利往”的概括。人之求利，属于常理，但什么都想要，而且想一本万利，甚至觊觎他人财产，就很容易走入歧途了。

人性本“贪”

贪婪是人性的原恶之一，贪婪之心人皆有之，一旦勾起往往一发不可收；发展下去，则会引发出野蛮、杀戮、欺骗、猜忌等种种罪恶，最终导致自己无法承受的后果。

一只蝎子要过河，可没人愿意渡他，原因是怕它乱咬人。这时过来一只青蛙，蝎子央求青蛙带他过河。

青蛙说：“要我带你，你到河中咬我一口，我怎么办？”

“不会的，我要是咬你，我不也被淹死了吗？”蝎子肯定地说。

青蛙觉得也有道理，就答应了蝎子。

不一会到了河中央，青蛙正吃力地划着水时，背部感到一阵疼痛，渐渐连划水的力气都没有了。它知道是蝎子在后面咬了它，自己中毒了。临死前，青蛙怒斥蝎子：“你为什么要咬我？！”

“你的身体就在我的嘴下边，我实在忍不住，只能咬你。”蝎子绝望地说道。

这就是贪婪，可怕的贪婪！这样的贪婪在毁灭了别人的同时，也毁灭了自己。其实人性就是如此，即使知道有些事情不该做，做了自己最终也难逃制裁，比如贪污受贿，可是一旦贪婪成性，面对诱惑就无法自控，最后只能自食其果。

一个沿街流浪的乞丐每天总在想，假如我手头有两万元钱就好了。一天，这个乞丐无意中发现了一只跑丢的很可爱的小狗，乞丐发现四周无人，便把小狗抱回了自己的住处拴了起来。

这只小狗的主人是个富翁。富翁丢狗后十分着急，因为这是一只纯正的进口名犬。于是，他就在当地电视台发了一则寻狗启事：如有拾到者请速还，付酬金两万元。

第二天，乞丐沿街行乞时，看到这则启事，便迫不及待地抱着小狗准备去领那两万元酬金，可当他匆匆忙忙抱着小狗又路过贴启事处时，发现启事上的酬金已变成了三万元。原来，大富翁寻狗不着，又电话通知电视台把酬金提高到了三万元。

乞丐几乎不敢相信自己的眼睛，想了想又转身将小狗抱回了住处，将其重新拴了起来。第三天，酬金果然又涨了，第四天又涨了，直到第七天，酬金涨到了让市民都感到惊讶时，乞丐这才跑回住处去抱小狗。可那只可爱的小狗已被饿死了，乞丐还是乞丐，最终没有捞到一分钱。

这个故事告诉我们：人生在世，好多美好的东西并不是我们无缘得到，而是我们心怀贪婪，往往在刚要接近一个目标时，又会突然转向另一个更高的目标。就像西方一位哲人曾说过的那样：“人的欲望是一座火山，如不控制就会害人伤己。”

贪婪之心使我们失去了很多本来可以拥有的东西，但身陷其中，人们就是认识不到。

避免贪婪首先要远离诱惑

人的欲望是激发贪婪滋生的诱体，当一个人对自身以外的事物的占有欲膨胀到无以控制的程度时，贪婪便产生了。因此，避免贪婪首先要远离那些危险的诱惑，由此控制自己欲望的膨胀。

某大公司准备高薪雇用一名轿车司机，经过层层筛选和考试之后，只剩下三名技术最优度的竞争者。主考者问他们："假如悬崖边有块金子，你们开着车去拿，觉得能距离悬崖多近而又不至于掉落呢？""二公尺。"第一位说。"半公尺。"第二位很有把握地说。"我会尽量远离悬崖，愈远愈好。"第三位说。结果这家公司录取了第三位。

其实，人是真的不能和诱惑较劲的，面对诱惑，你以为能够控制住自己，事实上你很快就会沦为贪婪的奴隶，最终掉下欲望的深渊。所以，诱惑在前，反道而行，离得越远越好。

在阿尔及尔地区的长拜尔有一种猴子，它们非常喜欢偷食农民的大米。当地的农民根据这些猴子的特性，发明了一种捕捉猴子的巧妙方法。农民把一只葫芦形状的细颈瓶子固定好，系在大树上，再在瓶子中放入猴子最爱吃的大米，然后就静候佳音了。

到了晚上，猴子来到树下，见到瓶中的大米十分高兴，就把爪子伸进瓶中去抓。这瓶子的妙处就在于猴子的爪子刚刚能够伸进去，等它抓了一把大米时，爪子却怎么也拉不出来了。

贪婪的猴子绝不可能放下已到手的大米，就这样，它的爪子一直抽不出来，就死死地守在瓶子旁边。直到第二天早晨，农民把它抓住的时候，它依然不会放开爪子，直到把米放入嘴里。

看了这个故事，相信很多人都会讥笑猴子的愚蠢，人当然要比猴子聪明许多，但如果把大米换成金钱、权力等种种诱惑，上当的恐怕就是人而不是猴子了。面对诱惑，很少有人能压抑住贪婪之心，控制住自己攫取的欲望，即使这诱惑明显包藏着危险。所以，若想避免贪婪误己，最好还是远离诱惑。

学会“往回跑”

俄国著名作家托尔斯泰写过这样一个短篇故事：

有一个农夫，每天早出晚归地耕种一小片贫瘠的土地，累死累活，收效甚微。一位天使可怜农夫的境遇，就对农夫说，只要他能不停地跑一圈，他跑过的地方就全部归其所有。

于是，农夫兴奋地朝前跑去。跑累了，想停下来休息一会儿，然而一想到家里的妻儿都需要更多的土地来生活，又拼命地再往前跑……有人告诉他，你到了该往回跑的时候了，不然，你就完了。农夫根本听不进去，他只想得到更多的土地，更多的金钱，更多的享受。最终，农夫因心衰力竭，倒地而亡。生命没有了，土地没有了，一切都没有了，欲望使他失去了一切。

这个故事发人深省，它是贪婪造成的悲剧。人活着，当然要努力奋斗往前走，但也要知道什么时候该“往回跑”。这里说的“往回跑”不是捞一把就走，而是控制贪欲，及时收手，否则将得不偿失。

深海里，一条小鲨鱼长大了，学会了如何自己捕捉食物。妈妈对它说：“孩子，你长大了，应该离开我去独自生活。”鲨鱼是海里的王者，所以虽然妈妈不在小鲨鱼的身边，但还是很放心。它相信，儿子凭借着优秀的捕食本领，一定能生活得很好。

几个月后，鲨鱼妈妈在一个小海沟里见到了小鲨鱼，它被儿子吓了一跳。小鲨鱼所在的海沟食物来源很丰富，按理说它在这里应该变得强壮起来，可是它看上去却好像营养不良，很疲惫。

究竟出了什么问题呢？鲨鱼妈妈想。它正要过去问小鲨鱼，却看见一群大马哈鱼游了过来，而小鲨鱼也来了精神，准备捕食。

鲨鱼妈妈躲在一边，看着小鲨鱼隐蔽起来，等着大马哈鱼到自己能够攻击到的范围。一条大马哈鱼先游过来，已经游到了小鲨鱼的嘴边，它丝毫没有感觉到危险。鲨鱼妈妈想，这下儿子一张嘴就可以美餐一顿，可是出乎它意料的是，儿子连动也没有动。

两条、三条、四条，越来越多的大马哈鱼游近了，可是小鲨鱼却还是没有动，盯着远处剩下不多的大马哈鱼，这个时候小鲨鱼急躁起来，凶狠地扑了过去，可是距离太远，大马哈鱼轻松摆脱了追击。

鲨鱼妈妈追上小鲨鱼问：“为什么不在大马哈鱼在你嘴边的时候吃掉它们？”小鲨鱼说：“妈妈，你难道没有看到，我也许能得到更多。”

鲨鱼妈妈摇摇头说：“不是这样的，欲望是无法满足的，但

机会却不是总有。贪婪不会让你得到更多，甚至连原来能得到的也会失去。”

其实人又何尝不是这样，有些时候，得不到的原因不是你没努力，而是你的心放得太大，来不及收网。所以说，控制贪婪之心，学会“往回跑”，也是一种智慧和境界。凡事能怀一颗平常善良之心，淡泊名利；对他人宽容，对生活不挑剔、不苛求、不怨恨；寒不改叶绿，暖不争花红，富不行无义，贫不起贪心，这何尝不是一种练达的“往回跑”呢？深谙“往回跑”之道，贪念如何能腐蚀你，你又怎么会掉进贪婪的陷阱呢？

古希腊的《伊索寓言》告诉我们：“贪婪往往是祸患的根源”，“那些因贪图大的利益而把手中的东西丢弃的人，是愚蠢的”。贪婪不在于贫穷和富有。钱不厌其多，位不厌其高，食不厌其精，妻不厌其美，夫不厌其荣，人一旦显现出了自己灵魂深处的贪婪本性，就是走上了一条不归之路。远离诱惑，同时修炼自己正直善良的品行，贪婪将不击自退。

陷阱三十一：做事不要一味地埋头苦干

在工作中，有些人性格比较低调，默默无闻地做了很多事别人都看不到，结果付出很多却一直得不到赏识；而另一些人善于表现自己，不用付出很多的努力却可以步步高升。所以，一味地埋头苦干是不足取的。因为现代社会是一个开放的社会，一个人想在事业上有所作为，必须善于抓住机会，而机会不会摆在你面前，要靠你自己去争取，这就需要时时表现自己，否则，即使你是一匹千里马，不奔跑起来让伯乐看到，伯乐也无法发现你。

适当地表现自己

一户人家养了一条狗、一只猫。

狗是勤快的。每天，当主人家中无人时，狗便竖起两只耳朵，虎视眈眈地巡视在主人家的周围，哪怕有一丁点儿的动静，狗也要狂吠着疾奔过去，就像一名恪尽职守的警察，兢兢业业地为主人家做着看家护院的工作。而每当主人家有人时，它的精神便稍稍放松了，有时还会伏地沉睡。于是，在主人家每一个人的眼里，这只狗都是懒惰的，极不称职的，便经常不喂饱它，更别提奖赏它好吃的了。

猫是懒惰的。每当家中无人时，便伏地大睡，哪怕三五成群的老鼠在主人家中肆虐，它也懒得理。睡好了，就到处散散步，活动活动身子骨。等主人家中有人时，它的精神也养好了，这儿瞅瞅那儿望望，也像一名恪尽职守的警察，时不时地，它还要去给主人舔舔脚、逗逗趣。所以，在主人的眼中，

这无疑是一只极勤快、极尽职守的猫，好吃的自然给了它。

由于猫的渎职，主人家的耗子越来越多，终于有一天，耗子将主人家一件最值钱的家当咬坏了，主人震怒了。他召集家人说："你们看看，我们家的猫这样勤快，耗子都猖狂到了这种地步，我认为一个重要的原因就是那只懒狗，它整天睡觉也不帮猫捉几只耗子。我郑重宣布，将狗赶出家门，再养一只猫。大家意见如何？"家人纷纷附和说，这只狗是够懒的，每天只知道睡觉，你看猫，每天多勤快，抓耗子吃得多胖，都有些走不动了，是该将狗赶走，再养一只猫。

于是，狗一步三回头地被赶出了家门。自始至终，它也不明白赶它走的原因。它只看到，那只肥猫在它身后窃窃地、轻蔑地笑着。

小故事说明大道理。仔细留意一下，生活中其实这样的故事不止一个。那些一味埋头苦干的人就像那只勤劳的狗，明明做了许多工作，付出了很多努力，可就是不会表现自己。然而领导往往事情很多，你不表现他就不会注意到你，也不会给你机会。

一家公司正在招聘人才。有两个人同时来面试，一个是本科生，一个是博士。在面试的时候，本科生极力表现自己，滔滔不绝地说了许多自己的看法和建议，而博士则沉默寡言。最后，当然是本科生被录用了。是博士的知识不如本科生吗？当然不是。是博士的口才不如本科生吗？其实也不是。而是因为博士不表现自己，这样就无法让别人了解自己的才能，最终只能被淘汰出局。

这样的例子太多了。贾平凹先生的《丑石》一文写了这样一个故事：一个曾经补过天，发过光的石头落到了地上，由于千百年的磨损，它变得一无是处，一直没有人注意它，最后，天文学家终于发现了它。原来它是一颗陨石，具有极高的研究价值。一方面，我们为丑石能够千百年来忍受人们的冷落而深感敬佩，可从另一方面说，难道这不是丑石自己默默无言所造成的吗？如果当时它积极地表现自己，让人们了解它的价值，也许就不会被冷落千百年，可能早就为科学研究作出贡献了。

表现自己是很重要的，一味地埋头苦干，就等于自己埋没了自己的才华，放弃了近在眼前的机会。

把好钢“露”在刀刃上

当年毛遂自荐时，他已经在中原君门下做了三年门客。一开始平原君并不相信他是个有才能的人，平原君的理由是：“有才能的人活在世上，就像一把锥子放在口袋里，它的尖儿很快就冒出来了。可是您来到这儿三年，我没有听说您有什么才能啊。”

毛遂说：“这是因为我到今天才叫您看到这把锥子，要是您早点把它放在口袋里，它早就戳出来了，难道光露出个尖儿就算了吗？”

是毛遂刚刚明白自己是个有才能的人吗？当然不是——是由于他一直没有找到好的机会，他想一下戳出来，而不是只露个尖儿，因而一直韬光养晦，没让自己这把锥子放到平原君的口袋里。而到了关键时刻，别人都无良策时，他挺身而出，不鸣则已，一鸣惊人，终于办成了大事。

所以说，只埋头苦干是不行的，而胡乱地表现自己也是不行的。表现自己也要找准机会，关键时刻，要把好钢“露”在刀刃上。

小刘经过严格的面试，终于被一家有名的企业录用，开始了试用期的工作。在他看来，试用期适当表现自己是很有必要的。“进公司的时候，我们老总经常和我们聊天，每星期开一次交流会，每次都举一个案例要我们分析，然后再说他的看法，结合公司的情况给我们打‘兴奋剂’。在自由发言的时候，我都会提出自己的想法，但很注意分寸让老总觉得我有些不错的建议就行了。后来，经理让我们自己挑选去什么地方拓展业务，起初我是选择去北京的，但最后公司把我派到了很有市场潜力的广州。我想，这与我适当表现自己，让经理看到我自身的潜力有关吧。”

因此，小刘很顺利地通过了试用期。在刚刚进入一个新环境的时候，什么都是陌生的，你对于别人来说也是陌生的，这是一个关键的时期，及时适当地表现一下自己，就能给别人留下深刻的第一印象，从而为以后的发展开一个好头。

所以，表现自己也要分时间、分场合、看机会，把自己的才华展示在最需要展示的时刻，这样才能使自己为其他人所知，为其他人认可，才能最终使自己的人生价值在自我表现中得以实现和升华。

在我们的身边有一种人，他们不善言谈，不愿意出风头，不会表现自己；他们只喜欢埋头苦干，认为行动可以说明一切，但是他们错了。假如你前 7 个小时 59 分钟都在努力工作，但是别人都不知道，而最后一分钟你伸个懒腰正巧被老板看见，那你就是一个懒惰的职员了。因为你不知道表现自己，从没让老板看到过你的努力。老板从此认为你懒惰，认为你无能，即使你再努力，又有什么前途呢？

渴望自己成为一个天才

潜力也叫潜能，就是人可能发挥出来的最大能力。据资料分析，人的潜能开发几乎是无穷无尽的。著名的心理学家奥托指出："一个人所发挥的能力，只占他全部能力的4%。"

无论是处在贫富贵贱各种环境中的人都有这样一个渴望，渴望自己成为一个天才。天才就意味着巨大的创造、贡献和成功，也意味着更多的幸福、快乐和富足，还意味着最高的价值、尊敬和赞美。

其实，每一个婴儿来到这个世界上，都是为天才而生，为成功而活。大自然给我们每一个人都赐予了天才的潜能。鲁迅对于天才有一句名言："天才人物呱呱坠地的第一声啼哭与平常婴儿一样，只是哭声，绝不是一首好诗。"天才和俗人、伟大和平凡，都是赤裸裸降临红尘，并无本质的区别。只是孩子在今后的成长过程中，由于外部环境的优劣，内在心态的修炼和智力训练的强度等多种因素的影响，导致了天才的潜能释放的强弱。

有许多人就是遭受外界太多的批评、打击和挫折，于是奋发向上的热情、欲望被"自我设限"压制封杀，没有得到及时的疏导与激励，即对人生之路惶恐不安，又对碌碌无为习以为常，丧失了信心和勇气，逐渐养成了忧虑、狭隘、自卑，不思进取，不敢拼搏的精神面貌。

有一个发生在日本的真实故事：

有一天，一位女士上街购物，把4岁的孩子单独留在家中。返回时，在住宅楼附近碰到熟人，就停下来说话。突然，她发现自家12楼的窗子开着，孩子爬到窗台上正向妈妈招手——她还来不及惊叫，孩子已经失足掉了下来——她丢下手中的东西，不顾一切地向孩子奔去（请注意：他穿的是筒状裙子和高跟鞋），就在孩子快落地的瞬间，她接住了孩子。事后，人们作过一次模拟实验：从 12 楼窗口扔下一个枕头，让最优秀的消防队员从相同距离飞身来救，试验了很多次，始终还差很远。

潜力也叫潜能，就是人可能发挥出来的最大能力。据资料分析，人的潜能开发几乎是无穷无尽的。著名的心理学家奥托指出："一个人所发挥的能力，只占他全部能力的 4%。"

据说像爱因斯坦这样的天才，其潜能的发挥也还不到 10%。潜能的开发程度，决定了一个天才的发挥程度。从这个意义上说，"天才学"也就是一门有关潜能开发、应用的学问。

100 多年来，人类对天才之谜的探索从来就没有停止过。渴望着将来有一天，在我们生活的地球上，能造就出成千上万像爱因斯坦和贝多芬一样的天才人物。

哲学家、作家、心理学家和医生写出了大量寻求天才真谛的著作。但是，非常遗憾，直到今天人们对于天才的看法还很不一致。

现在还有许多人都相信天赋遗传的理论。这种理论的支持者认为，天才是通过"商数遗传"的遗传，而一代一代地传递下去，并且随着遗传代数的增加，天才的这种不可思议的神秘诱惑力也与日俱增。从表面的事实看，只有极少数事例才符合这种天赋遗传论。例如，在约翰·贝克的家谱中，值得夸耀的数学家有五六十个，其中有二十个是杰出非凡的。瑞士伯纳林数学家的祖传中，在两代人中就产生了十四个出类拔萃的科学家。在为数不多的家庭，他们之中高"密度"的天才也是令人惊叹的。

当然，这种情况同样可以遭到一些事实的反驳。其主要例证就是，绝大部分天才是产生于一些普普通通的家庭，这些天才前后四代家族中，没有任何杰出人物出现。

一位美国大学的教授带着他的学生来到黑人贫民区搞调查研究。其中的一个课题就是对该区的二百名黑人小孩的前途作出预测。

学生们都十分认真，经过不断调查、计算，报告出来了，结果令人沮丧：二百名孩子几乎无一例外地被认定为“一无是处”“无所作为”“终生碌碌”等。

四十年后，老教授早已去世，他的继任者从档案里发现了那份报告,好奇心驱使他来到当年的调查地点——黑人贫民窟。

他惊奇地发现：当年被调查的二百名孩子中，除二十名离开故地，无从查找外，其余一百八十名孩子大多数获得了相当的成就，他们之中不乏银行家、商人、大律师和优秀运动员。

这一切，他们都说最感谢的是当年的一位小学教师。

继任者找到了当年的小学教师，此时她已老了，吐字不太清楚，可是有一句话任何人都听得懂：“我爱这些孩子。”

实际上，很多天才人物都是后天教育的结果，很少遗传。正如民谚所说：“天才不传代。”天才的遗传比肉体的遗传要少得多。

天才，与其说是天赋的结果，倒不如说是发展的结果。如果进行各种有效的智力训练，任何一个平凡的人都可以成就一番惊天动地的伟业，人人都能成为天才。并非我们大多数人命里注定不能成为爱因斯坦式的人物，而是我们缺少各种有效的激励，使天才的潜能没得到淋漓尽致的发挥。至少天才身上的东西都能在普通的人身上找到种子和萌芽。

陷阱三十二：退一步是海阔天空

退一步，意即后退一步。退一步，不是怯懦、退缩、屈服与逃避，而是忍耐、谦让、坚韧与不屈。生活中常会遇到这样一些情况：因鸡毛蒜皮的小事与别人闹得剑拔弩张；事业停滞不前，晋升无望身心俱疲；情场失意陷入迷惘失落的误区……那么，当你裹足不前时，何妨试着退一步。因为退一步能够调整步调，放松心情，轻装前行保持冷静，进而审时度势，才不至于冒出头椽子之险，才能再鼓干劲。

该退即退

据说有一种蜂鸟曾是热带雨林里最兴旺的家族，它们天生不怕事，遇到比它们厉害的东西都会去攻击。它们有一个特性，就是永不准后退，如果谁后退了，大家就会群起而攻之将它啄死。所以当一场森林大火铺天盖地席卷而来的时候，成群结队的蜂鸟便在蜂鸟王的指挥下前仆后继地投入火海中去了。然而却有一只蜂鸟退缩了，蜂鸟王看出他的想法，示意其他的蜂鸟攻击它，其他的蜂鸟却没有那样做，甚至有一些和它一起后退了。于是这些后退的蜂鸟得以存活下来。

该退即退。像以前的蜂鸟那样，只知道进，即使前方没有活路也要盲目前进，那只能是逞一时之勇，做无谓的牺牲，结果命丧火海。而现在的蜂鸟，懂得回头，懂得退让，所以它们才得以世世代代生存繁衍。

有一次某人骑摩托车出去玩，回来时刚经过一个小镇，车胎就爆了。他想，往前走吧，前面一定有修车铺的，而且越往前走也就离家越近。于是，他推着摩托车往前走，走了大约两公里，发现了几个修车铺，但都关门了。此时，老天偏偏捉弄人，下起了不大不小的雨。正在他一筹莫展之际，有个骑摩托车经过的好心人，把他载回到已经过的小镇上，请修车师傅把胎补好了。

其实，如果他在车胎爆时就返回镇里，只有半公里的路，而且几乎都是下坡，往前走上坡多。所以有时前方并不一定就有希望，往前走并不一定就更接近目标。该退时退一下，事情可能更容易解决。

这种退让还可以运用在处理人际关系上。与人相处，拌嘴、闹矛盾在所难免，如果一味地只想超越别人，处处占上风，人们会很讨厌你，畏而远之。相反，如果用一种坦荡的胸怀，去尊重别人，宽容待事，便会备受人们尊敬。为人处世总要心正行端，凡事退后一步心自安。退出来，路还有很多，道还会很宽。就算暂时无法找到最佳的路，至少你先退出来，也还能够进行自我调整，为日后寻找其他的机遇和努力的方向做好铺垫和准备。

“退一步海阔天空”，人与人之间非原则的事情，谁对谁错不必分得那么清楚，对也好错也罢，都不重要，重要的是相互之间的情谊。珍惜情谊，善待别人，人生才有快乐。

有一个“六尺巷”的故事：清康熙年间，朝中重臣张英接到一封家书，告知邻居叶家砌院墙占了自家宅基，请张英好好治治叶家。张英回信一封：“千里捎书为堵墙，让他三尺又何

妨。万里长城今犹在，不见当年秦始皇。”结果，张家将院墙往后让了三尺。叶家见后不好意思，也将院墙往后让了三尺。一场干戈化为玉帛，“六尺巷”的故事一时传为美谈。

所以说，很多时候，忍耐是苦涩的，但它的果实却是甘甜的。在人生拥挤的道路上退一步，你挤我不挤，另辟蹊径，短暂的人生说不定会有别样的光彩；在与亲人朋友同事关系紧张时退一步，懂得谦让、理解和宽容才会打破僵局；在生活中如鱼得水，游刃有余，才会如沐春风，朋友遍天下；在工作中遇到难题时退一步，换个角度去思考，换个方向去努力，说不定会豁然开朗，收到柳暗花明又一村的效果。

以退为进

很多时候，退一步是暂时的，这种暂时的后退并不是为了停滞不前，更不是畏惧存在的困难和险阻，而是为了看清形势，审时度势，重新确定前进的方向，选择前进的道路，以便能更快、更安全地接近目标，到达我们希望的目的地。也就是以退为进。

这时的退一步其实隐含大理，是一种战略。中国红军退一步实现了二万五千里长征的军事战略大转移，此后的战斗势如破竹；汉刘邦退一步以鸿沟划定楚河汉界，从此发轫汉家百年基业；晋献公之子重耳退一步远避他国免去宫闱杀戮，十九年后即位远播晋文公之大名；三千多年前的特洛伊战争，希腊人退一步得施木马之计，以一步之退而大破十多年未克之特洛伊。

退一步是前进中的曲折，正所谓前途是光明的，道路是曲折的。退一步是过程而不是目的，是手段而不是结果。只要你能够退一步，勇于退一步，乐于退一步。在退中取进，在退中思索，在退中悟道，那么你的事业就会不断发展，你的家庭就不会再有危机，你的仕途就会有更多贵人相帮……你拥有的将是海阔天空。

宋代大词人苏东坡在这方面就堪称楷模。苏东坡一生坎坷，初登仕途时，被韩琦误压下去，后王安石实行新政，他不赞成某些措施，但又不同意司马光不分青红皂白一概废除新法的主张，因此，总得不到这些宰相的赏识，还屡遭贬斥，终身不得志。但他豁达乐观，不强求功名，进即进，退即退，因此才能在被贬之后，在美丽的西湖的湖光山色中，写下了许多脍炙人口的诗篇。正因为他饱经世故，历经沧桑，才使他的诗文更加老练深刻，因此，即使他没有做过宰相，他的“诗名”“政名”也千古不朽。

一生在逆境中度过的苏东坡名垂千古，主要得益于他善于解脱自己，他有“退一步海阔天空”的气度。假如他只知进不识退，那么不断袭来的厄运就只能使他一辈子怨天尤人，哪里还能怡然谋篇作词、建功立业？我们又怎能读到苏氏的豪迈词篇？

人生不如意十之八九，没有谁会是一帆风顺的，如果想活得快乐、洒脱些，就必须有懂得后退、以退为进的胸襟和气度。否则，只知进不知退，一味地去钻“牛角尖”，最终的结果只能是一生的不如意。

俄罗斯两位伟大的诗人——普希金和莱蒙托夫，在风华正

茂的黄金岁月里被传统的“捍卫尊严”和“时尚”即决斗夺去了年轻的生命。普希金只有37岁，而莱蒙托夫年仅26岁。令人痛心的是，自始至终普氏和莱氏都视决斗为儿戏，未能在所谓的“时尚”面前做退一步之想，轻率地结束了自己宝贵的生命，从而也铸成了世界诗坛上的一大悲剧，着实令人扼腕。

因此，面对人生的失败，比如爱情的挫折，事业的打击，生活的磨难，以及其他种种的不幸，人们要最终战胜它，就必须退一步想。退一步，天高任鸟飞，海阔凭鱼跃。以退为进，不失为一种生存竞争的方略。

人走在路上，难免遇到障碍停步不前，这时不妨压下急躁，后退一步。退不是畏怯，而是对环境制约的暂时回避，是对胆魄和知识的重新蓄存与准备。不要小视这退一步的战略意义，有很多时候只要后退一步，就会视野开阔，再前进时便认得清方向，事情变得明晰而简单。还有时，只要忍得一时之气，让人三分，就会发现，原来播撒阳光就能收获阳光，种下芒刺只能刺伤自己。

直路不通走弯路

如果把一只蜻蜓放飞在一个房间里，它会拼命地飞向玻璃窗，但每次都碰到玻璃上，在上面挣扎好久恢复神志后，它会在房间里绕上一圈，然后仍然朝玻璃窗上飞去，当然，它还是“碰壁而回”。

其实，旁边的门是开着的，只因那边看起来没有这边亮，而追求光明是多数生物的天性，所以蜻蜓根本就不会朝门那儿飞。它们不管遭受怎样的失败或挫折，总还是坚决地寻求光明的方向。而当我们看见碰壁而回的蜻蜓的时候，应该从中悟出这样一个道理：有时，我们为了达到目的，选择另一个看来较为遥远、较为无望的方向反而会更快地如愿以偿；相反，只盯着一条路走下去，则会永远在尝试与失败之间兜圈子。

百折不回的精神虽然可嘉，但如果面前望得见目标，却是一片陡峭的山壁，没有可以攀援的路径时，我们最好是换一个方向，绕道而行。为了达到目标，暂时走一条与理想相背驰的路，有时正是智慧的表现。

某单位的下岗职工小李失业后一直找不到一份理想的工作。一天，他在漫不经心地翻阅报纸时，一则广告闯入他的眼帘，广告上标明着“英雄不问出处！”6个大字。那是一家报社招聘编辑、记者的广告！

什么叫“英雄不问出处”？小李的理解是不管你的文凭高低，只要你有真本事，这里就有你的舞台，这里就是你的舞台。看到这个广告后小李十分高兴，因为他虽然只有初中文凭，但是他发表过30多万字的各种体裁的作品，小李心想自己正是他们所说的“英雄”。

于是，小李满怀信心地前去报名。可是负责接待的同志接过他的作品复印件后又向他要文凭。小李不解地问：“不是英雄不问出处吗？”那位同志很奇怪地看了他一眼，然后朝他后面喊“下一位”，就再也不理睬他了，小李只得扫兴而归。

小李的朋友知道这件事后便劝他还是去搞个文凭，还说这年头人家就在乎那玩意儿。可小李偏不信这个邪，他发誓非进

那家报社不可。从那以后，小李开始大量向那家报社投稿，丝毫不计较稿费的高低。由于这家报社新开了不少副刊，小李悉心加以研究后，抓住其特点专门为他们量身定做，所以他的作品几乎篇篇被采用，甚至还创造过这样的“奇迹”：有一次，他们的副刊总共只采用了 7 篇稿子，其中 3 篇是小李的“大作”，只是署名不一样。

于是小李的作品被这家报社的编辑竞相争抢，常常是刚应付完文学版的差事，杂文版的差事又来了。有时候他的创作速度稍慢一点，那些编辑就会心急火燎地打电话催稿。

有一天，这家报社的一位编辑找到他，透露了他们即将扩版急需人才的消息，希望他能前去应聘。小李对他说自己没有文凭。那位编辑表示相信小李的水平，并说只要他想去，他就跟领导提一下。

第二天，那位编辑就给小李打来电话，向他转达了他们领导的意思：如果他愿意，现在就可以去上班。

小李成功了。我们可以从中得到一个很重要的启示——当你不能通过直接的方式达到目的时，为什么不选择另一条迂回曲折的道路呢？尽管它看起来可能要复杂和麻烦。

不要逞匹夫之勇，图一时之快碰壁而归，你完全可以像小李一样运用你的智慧和耐心，不妨暂时屈就你所不喜欢的职业，你可以暂时应付一下你所讨厌或轻视的人，你可以暂时走进一个黑暗的涵洞，只要你不忘记从它的另一端钻出来，只要你时刻知道这一切都仅仅是手段，而不是你的终极目标，你就用不着灰心和难过，也用不着在乎周围的人怎样批评或嘲笑你。

法国作家勒农曾说过：“你不要焦急，我们所走的路是一条盘旋曲折的山路，要拐许多弯，兜许多圈子，我们时常觉得好似背向着目标，其实，我们总会越来越接近目标。”的确，我们时常必须把目标放在背后，而耐心地去做披荆斩棘、铺路修桥的艰苦工作，我们时常必须尝试去走很多条看来非常晦暗无望的道路之后，才发现距离目标越来越近了。因此，只要我们记住自己理想的方向，就算多兜几个圈子也不算错误。

陷阱三十三：不要什么事都弄个明白

“水至清则无鱼，人至察则无徒”，源于《大戴礼记·子张问入官》，后人多用此告诫人们对待人不要太苛刻，看问题不要过于严厉，否则，就容易使大家因害怕而不愿意与之打交道，就像水过于清澈养不住鱼儿一样。人是群居的，人与人之间的交往如果计较太多的话，那就难以继续下去，那个太过计较的人就会孤立起来，远离正常的社会关系。

有的人总是喜欢追根溯源，事事都要弄个明白，可是想得太深，看得太穿，烦恼忧虑也便接踵而来。所以说，学会糊涂吧，在待人处世上，糊涂是一种豁达。从谋略上来看，有时糊涂又合成为一种超人的智慧。人这一生，真是难得糊涂啊！

与人交往学会“糊涂”

在这个世界上，每一个人都不是孤立的，因为衣食住行以及工作生活的需要，必然要与周围的人群发生联系。俗话说“人上一百，形形色色”。由于性格、爱好、学识以及成长环境、社会分工等各方面的差异，构成了性格迥然不同、知识深浅不一、处事方法有别的复杂的人群，所以要想让自己保持与多数人的正常交往，就不能一味地严格要求别人怎样，或者要求你周围的人达到一个什么样的标准。

可是有的人看不到这些，把人际环境看得过于简单和理想化，在交往中一味地用高标准、高觉悟、高素质的尺子衡量他人，挑剔交往对象，久而久之，就会人为地在自己周围筑起了一个不适于他人的情感围墙。这样的人即使能力再高，也会由于与人群不合而难以得到尊重和推崇。也正因如此，这样的人还容易犯自负的毛病，在对别人形成片面认识的同时，忽视自身的缺陷。这样的人怎么能与人友好和睦地相处呢?

与人交往“糊涂”一点，就是指以宽容、豁达的胸襟对待周围的人，做到明察他人但不计小过，营造一种亲和的环境。在融洽、平等、祥和的气氛中处理一切问题，这样，人际关系必然就会趋于和谐。

假如你确是一个出类拔萃的人，也切忌把别人看扁，更不可以高人一等的身份和口吻凌驾于别人之上。真正的明智之举是“糊涂”待人，即忽视别人的缺点而学习他的长处。战国时的信陵君以能处士闻名，曾赴屠肆请朱亥，依靠朱亥的智勇完成了退秦的壮举；赵树理的作品通篇散发着泥土的芬芳，笔下栩栩如生的人物来源于他深入农村结交的一群善良、淳朴的农民朋友……古今名人这种十分明智的交友态度，为他们的事业成功打下了坚实的基础。

所以说，与人交往一定要学会“糊涂”，即学会容人，这样，在为他人创造宽松的人际环境的同时，也给自己一个快乐的空间。当然，宽容并不是要你随波逐流地苟合别人，而是一种有原则的达观的处世态度。

糊涂与谋略

《易·系辞下》有：“尺蠖之屈，以求伸也；龙蛇之蛰，以存身也。”意为有时候，人的糊涂是装出来的，故意地表现“糊涂”，是为了达到某个目的。

在第二次世界大战中，美国小罗奇福特领导的一个班子破译了日本人的密码，获悉了日本在海上作战部署的确切情报。但此事被一个多事的记者获悉，便作为独家新闻登了报。这很可能促成日本人换用密码并调整作战部署，可以说是惹了大祸。但罗斯福总统来了个“装糊涂”，对这一重大泄密事件即不派人追查，也不兴师问罪。因此，这则独家新闻虽被日军首脑看到，但见美国对此事毫不追查，便误认为是美国在报上使用诈骗计，谎称美军破译日本密码。这便是“假作真时真亦假”。这样，罗斯福用他的“糊涂”骗过了日本人，日本人继续使用原来的密码，不断被美国破译。罗斯福对日军行动了如指掌，所以在中途岛之战中大获全胜。

这样的“糊涂”对策实际上是一种谋略，放弃原有的原则来处理事情，引起别人的误解，由此达到虚实难辨的效果。这样的谋略在政治家的手里屡屡玩转。

美国第九任总统威廉·亨利·哈里森有一个著名的典故。小时候，威廉·亨利·哈里森是个很害羞的孩子，人们都把他看作傻瓜，常喜欢捉弄他。他们经常把一枚五分硬币和一枚一角的硬币扔在他的面前，让他任意捡一个，威廉总是捡那个五分的，于是大家都嘲笑他。有一天一位好心人问他：“难道你不知道一角要比五分值钱吗？”“当然知道，”威廉·亨利·哈里森慢条斯理地说，“不过，如果我捡了那个一角的，恐怕他们就再没有兴趣扔钱给我了。”

这样的一个聪明之极的“傻瓜”，用他的“傻”愚弄了所有“明白人”。这种“糊涂”谋略着实令人佩服。

糊涂是智者的风范

有一个故事是这样说的：一群来自世界各地、经商有成的富商聚在一起讨论“世界上究竟哪一国人最会做生意？”最后他们得出的结论是犹太人。此时，中国商人嘴角闪过一丝神秘的笑意。犹太商人则面带微笑摇头说：“其实世界上最会做生意的不是我们犹太人，而是中国人。为什么呢？我们犹太人会做生意天下皆知，所以天下人与我们做生意都会防我们，但中国人呢？他们会做生意做到天下人都不知道他们很会做生意，因而疏于防范而乐于与他们做生意，所以说天下最会做生意的人应该是中国人。”

“过程迷糊、结果不迷糊；表面糊涂、私下不糊涂；小事糊涂、大事不糊涂。”这就是中国人“糊涂哲学”的最佳典范。这正应了宋代郑板桥的那句名言：“难得糊涂”。深究其意，足以令人终身受益。

有一位百岁老人就曾经说过，我糊涂了一辈子，总算熬到了今天。在老人的眼中，糊涂就是长寿的秘诀。这在常人看来或许是一个荒谬的说法，但在老人身上确实发挥了很大的功用。糊涂的时候，不会为路旁的垃圾堆成山破口大骂；糊涂的时候，不再想哪一个贪官被抓那一个杀人犯被毙；糊涂的时候，不用愁女儿嫁不出去儿子娶不到媳妇；糊涂的时候，自然就不会让生活中难以释怀的人和事压抑得太久太深，自然就有一副轻松愉悦的心情去重拾生活的点点滴滴，大概长寿的秘诀就在于那一份乐观向上的心境吧。老人由于“糊涂”而得到了这样一份心境，所以说糊涂就是他的秘诀。

当然，正常人是不可能一辈子都糊涂的，老人的那句话该是带着几分玩笑的自嘲吧。正因为不可能糊涂一辈子，难得糊涂便愈加显出它的重要。难得的糊涂可以分为两种：视而不见的糊涂和急流勇退的糊涂。前一种说的是完全采取置之不理的态度，后一种则是清醒地看过表层之后不再做更深一层的思索。对待不同的问题，我们应该有不同方式的糊涂，在纷繁芜杂中保持自己的一片净土。

因此，难得糊涂是常人的心愿，更是智者的风范。

有的人总是喜欢追根溯源，事事都要弄个明白，可是想得太深，看得太穿，烦恼忧虑也便接踵而来。所以说，学会糊涂吧，在待人处世上，糊涂是一种豁达。从谋略上来看，有时糊涂又合成为一种超人的智慧。人这一生，真是难得糊涂啊！

陷阱三十四：拖延时间就是浪费生命

在人的一生中，为了工作、吃饭、交朋友等琐碎繁杂的事情，常常忙得不可开交，很少有人能够在现在过上“宁静的生活”，有一份安静的心去做自己喜欢的事情。其实大部分人都是嘴上说忙，凡事不肯用心，一旦有些需要费心去做的事就借口“忙”，推三阻四，拖拖拉拉，养成了凡事爱拖延的毛病。拖延可不是一个小毛病，它往往让你失去人生中所追求的东西，并浪费你的时间、精力和情感。所以，一定要跳出拖延的陷阱。

拖延是一种恶习

某天清晨，张三在上班途中信誓旦旦地下定决心，一到办公室即着手草拟下一年度的部门预算。他准时于九点整走进办公室，但他并没有立刻开始预算草拟工作，因为他突然想到不如先将办公桌及办公室整理一下，以便在进行重要的工作之前为自己提供一个干净与舒适的环境。他总共花了 30 分钟的时间，使办公环境变得有条不紊。他虽然未能按原定计划在九点钟开始工作，但他丝毫不感到后悔，因为 30 分钟的清理工作不但已获得显而易见的成就，而且它还有利于以后工作效率的提高。他面露得意神色，随手点了一支香烟，稍作休息。

此时，他无意中发现报纸上的彩图照片是自己喜欢的一位明星，于是情不自禁地拿起报纸来。等他把报纸放回报架，时间又过了 10 分钟。这时他略感不自在，因为他已自食诺言。不过报纸毕竟是精神食粮，也是重要的沟通媒体，身为企业的

部门主管怎能不看报，何况上午不看报，下午或晚上也一样要看。这样一开脱，心也就放宽了。于是他正襟危坐地准备埋头工作。就在这个时候，电话铃响了，那是一位顾客的投诉电话。他连解释带赔罪地花了 20 分钟的时间才说服对方平息怒气。挂上电话，他去了洗手间。在回办公室途中，他闻到咖啡的香味，原来另一部门的同事正在享受“上午茶”，他们邀他加入。他心里想，刚费心思处理了投诉电话，一时也进入不了状态，而且预算的草拟是一件颇费心思的工作，若头脑不清醒，则难以完成，于是他毫不犹豫地应邀加入到享受“上午茶”的行列，与大家聊了起来。回到办公室后，他果然感到神清气爽，满以为可以开始“正式工作了”——拟定预算。可是，一看表，已经十点四十五了！距离十一点的部门例会只剩下 15 分钟。他想，反正在这么短的时间内也不太适合做比较庞大耗时的工作，干脆把草拟预算的工作留待明天算了。

张三身上有许多人的影子，养成这样拖延的恶习，终将一事无成。

很多人都有这种拖延的习惯，什么事情不是未雨绸缪而是临时抱佛脚，不到最后的时刻坚决不动手去做。可是拖延是要付出很大代价的。

首先，拖延会使人陷入烦躁的情绪。一件事久办未完，在心里沉甸甸地压着，就像脖子上挂着一块石头，又好像陷入了不可自拔的泥坑，这怎么能不使人焦虑烦躁、寝食难安呢？其次，拖延会使等待处理的问题越积越多。每天对着桌面上堆积如山的未处理的工作，却不知从何下手，结果往往是丢了这件忘了那件，一件不成又半途而废，费时费力，问题越来越多。

再者，拖延会使人一再地遭受心理挫折。由于事情总是不能及时完成，就会对自己越来越失去信心，开始怀疑自己的能力，或者迁怒于所处的工作环境，产生怨气，抱怨自己的才能得不到发挥或者老是有这样那样的事来阻碍你的工作。还有，拖延还会使你前途暗淡，与晋升无缘。一个上司绝不会一而再，再而三地容忍部下办事拖拉，不讲求实效，做不出什么业绩来。上司需要的是强有力的辅助者，而不是优柔寡断的跟随者。

拖延是一种恶习，要摆脱这种恶习，就要记得随时提醒自己："凡事拒绝拖延，现在就开始行动。"如果有一件事情早晚得由你去做的话，就不要反复问自己："我要做它吗？"因为这个问题的答案已经很确定，你应该做的是：将你决定要完成的期限写在记事本上，然后准时去做，如果等到最后才去做，不但会让自己变得很焦虑，而且在处理过程中会经常犯错或者得到的结果不尽如人意。

马上行动

有这么一个人，他每天都要偷邻居家的鸡。邻居后来知道了，对他意见特别大。有人劝告这个偷鸡的人："偷盗行为是可耻的。你这样每天偷别人家的鸡是不道德的，应该及早改正，从现在起，你再不要偷别人家的鸡了。"这个偷鸡的人听到后却回答说："好吧，我也知道这不好。这样吧，请允许我少偷一点，原来每天偷，以后改为每月偷一次，而且只偷一只鸡，到了明年，我再不偷就是了。"

既然知道偷盗是违背道德和犯法的事，就应该马上停止，痛改前非，为什么非要等到明年呢？

这篇寓言故事就是讽刺那些明知道该马上行动，却故意拖延时间，不肯及时做好事情的人。

在现实中常常有这样的事情发生。在单位，领导安排下来的工作，给了足够完成的时间，但我们有些人总认为离要求的时间还早，好像“成竹在胸”，迟迟不着手。这样一天一天拖延下去，造成工作“堆积”。到头来，不是顾不过来，就是事多给忘了。待到领导催促时，才手忙脚乱，奋笔疾书，在这样的状态下完成的工作质量是可想而知的。

这就是拖延带来的后果，假如你在领导安排完任务就马上行动的话，不但不会手忙脚乱，而且由于时间充裕工作质量也会提高。

马上行动是一种习惯，是一种做事的态度，也是每一个成功者共有的特质。

对领导交办的工作，马上行动，及时去做，才能尽早完成。又如，在生活中，同事转告你，有一个人打电话找你，让你有空给他去电话。你却没有马上行动的习惯，没有立即回电话，而是一天天拖延下去，直到有一天想起来，才给朋友去电话，原来朋友有一笔生意介绍给你，可一直等不到你的电话，只好告吹。你一定追悔莫及。由于拖延，你错过了一次致富的机会。还有的人生了病，不马上行动，拖延着不去看医生，这不仅使身体受到极大的损伤，还可能导致病情恶化，甚至危及生命。

可见，拖延给办事带来的危害是巨大的，没什么习惯比拖延更能削弱一个人办事的能力。而且基于惯性定律，对事情你一旦拖延，就总是会拖延；但你一旦开始行动，通常就会一直做到底。所以，凡事马上行动你就已经成功了一半，第一步是最重要的一步，行动应该从第一秒开始，而不是第二秒。

今天有今天的事，明天有明天的事，不要像“寒号鸟”那样，在拖延中耗费时间和精力，因为你所耗费的时间和精力足以让你把今天的工作做好。人生的机遇稍纵即逝，犹如昙花一现，一定要珍惜时间，这样才能切实把握好每一次发展的机遇，把自己从拖延中彻底拯救出来，使拖延的恶习得以改正。要记得：凡事立即行动，行动才能成功。

赢得了时间，就赢得了一切

“赢得了时间，就赢得了一切。”列宁的这句话说明了时间的可贵，同时也告诉我们：与时间赛跑，才能获得成功。

人们渴望成功，但成功不会降临到每个人身上。为什么呢？因为成功不是从天上掉下的馅饼，成功只是前进途中的路程记录。你前进了多少，就记下多少，不会多，也不会少。只有珍惜一分一秒，在生命的旅途中不断跋涉的人，才有获得成功的可能。

正如富兰克林所说的：“你热爱生命吗？那么别浪费时间，因为时间是组成生命的材料。”

许多科学家、文学家都是与时间赛跑的能手。爱迪生一生中有 1000 多项发明，他哪来那么多时间呢？难道他的一天有 26 个小时？那当然不可能，他大量的实验时间都是从无数个不眠之夜中挤出来的。著名文学家巴尔扎克用如痴如狂的拼劲，每天奋笔疾书十六七个小时，即使累得手臂酸痛难忍也不肯浪费一点一滴的时间。经过长期的努力，深受人们喜爱的巨著

《人间喜剧》终于大功告成。

或许有人会说："我既不想当什么科学家、文学家，也不想有什么大的成就，又何必珍惜时间呢？"是的，不可能人人都成为科学家、文学家，但是人总要在社会上生活，那么就为生活做点什么吧！饱食终日，无所事事，任时间流逝，那是行尸走肉的生活。

台湾作家林清玄的文章《和时间赛跑》，讲了一个孩子在外祖母死去后，渐渐明白人死了就再也不会回来了，所有时间里的事物，都永远不会回来了。"光阴似箭，日月如梭"，这句话开始提醒孩子时间不等人，从此以后他就不断地和时间赛跑，最后终于成就了一番事业。作家在文中告诉我们："假若你一直和时间比赛，就可以成功。"

谁不想成功呢？那么如何和时间比赛呢？

有一位年轻的教授，刚刚二十出头就已在攻读博士后，他最拿手的是关于"时间管理"的研究。他的一帮学员请他谈谈时间管理。他笑着说："你们都知道的，就是一生当两世来用，就是在最短的时间里获得最大的利益，比如三年的恋爱用三个月完成还包括奉子成婚。"这当然是开玩笑，教授就是为了让学员们明白，时间管理就是用有限的时间去做无限的事，每天有计划，人生有目标，这样才能赢得时间，赢得自己的成功。

说起来容易，可现实中有些人虽然知道应该珍惜时间，却不知如何去做。有些人以为每天都紧张地做着许多工作，就是珍惜时间；有些人以为把一天的时间都塞满事情，也不管事情是否有意义，就是珍惜时间；也有些人以为从早到晚一心一意忙着票子、房子、位子、车子，就是珍惜时间。其实他们都错了，珍惜时间不是整天都忙碌地去工作，不是去干些毫无意义的事情，而是抓紧时间努力学习，提高自己，做一些于社会于大众有意义的事情，这才是珍惜时间的最终目的。否则，一生忙忙碌碌到头来却没有任何成就感，生命走到尽头内心却无比空虚，那过得还有什么意义。

所以，奉劝那些混沌度日的年轻人，不要再眼看着时间白白流逝，而丝毫不觉得可惜。可以预见，明天将给你们带来无尽的悔恨，因为每个人的时间都有限，把握不住今天的人，也造就不了明天。

“时间最不偏私，给任何人一天都是 24 小时；时间也最偏私，给任何人一天都不是 24 小时。”不要认为你有的是时间，你每天只有 24 小时；但合理安排时间、珍惜时间，用 24 小做别人需要 25 小时、26 小时，甚至更多时间才能完成的事，你的 24 小时就会增值。

时间会跑，但很慢；人会跑，但很快。只不过是时间从来不会以人的意志而停滞不前，但人会因种种原因而停滞。所以，什么都别说，抓紧时间吧！

陷阱三十五：要学会控制自己的情绪

小不忍则乱大谋，语出《论语·卫灵公》："予曰：巧言乱德，小不忍则乱大谋。"其意大概就是指一个人如果缺乏自控能力，在一些小事上不能忍耐，那就会坏了大事。现在的人们总是容易浮躁，遇到一点事情就会情绪失控，导致言行出格，一反常态，这样往往会影响大局。常言道：一步走错，满盘皆输，就是这个道理。

学会控制情绪

有一个坏脾气的男孩，总是控制不住自己乱发脾气。父亲给了他一袋钉子，并告诉他，每当他发脾气的时候就钉一个钉子在后院的围栏上。第一天，这个男孩钉下了 37 根钉子。慢慢地，每天钉下的钉子数量减少了，因为他发现控制自己的脾气要比钉下那些钉子容易。于是，有一天，这个男孩开始有了耐性，能够控制自己，不乱发脾气了。他把自己的转变告诉了父亲。父亲又说，从现在开始，每当你能控制自己脾气的时候，就拔出一根钉子。一天天过去了，最后男孩告诉他的父亲，他终于把所有钉子都拔出来了。

父亲握着他的手来到后院，让他看着钉过钉子的那些围栏，说："你做得很好，我的好孩子，但是看看那些围栏上的洞。这些围栏将永远不能恢复到从前的样子。你生气的时候说的话就像这些钉子一样会留下疤痕。如果你拿刀子捅别人一刀，不管你说了多少次对不起，那个伤口将永远存在。你乱发脾气的影响就像真实的伤痛一样令人无法承受。"

有时候，一个人的坏情绪不但会影响自己，还会给身边的人带来困扰，甚至造成永远的伤害。如果能够自控，在发生冲突的时候让自己尽量地冷静，然后面对问题作出判断，这样再处理起来就不会形成误会甚至伤害。正因为如此，一个有着极好自控能力的人才能够掌控大局。

第二次世界大战中，斯大林在法西斯侵略者兵临城下时，仍照样举行节日庆典和阅兵典礼，不愧为雄才大略的军事统帅。历史上还有许多失败的英雄，他们将镇定和自尊保持到生命的最后一刻，令后人钦佩、景仰。

所以说，良好的自控能力，是一种重要的意志品质。尤其对于一个领导者来说，在困境和逆境中，只有镇定自若、沉着应付、稳健地处理问题，才能稳住阵脚，掌握时机，保持主动，适时化劣势为优势；如果领导者显露惊慌失措或悲观失望情绪，就会像疾病一样迅速传染他人，局面愈发不可收拾。

情绪的影响是巨大的，学会控制自己的情绪非常重要，因为无论是好的情绪还是坏的情绪，都有可能影响到别人，甚至影响到大局。

以忍求变

忍有两种，一种是思而不发，以忍求安；一种是忍而待发，以忍求变。对于一个目光长远、有着远大谋略的人来说，要特别学会后一种忍，即将忍当作一种手段，通过忍来蓄积力量，从而实现最终目标。

作为“战国七雄”的赵国，曾有一位英明的君主赵武灵王。赵武灵王在位时为公元前352年至公元前299年，当时的赵国

国富民强，但因地处中原，常被卷入战争漩涡，所以推广富国强兵的政策比其他的国家显得更为急迫。

赵武灵王经过多年的征伐，认为北方游牧民族骑马作战是值得仿效的战术，其机动性大，集散自由，对战场条件适应性很强，于是他想改变自己军队的作战方式。改革颇费了一番周折，首先，当时的中原服装不适合骑马作战，就要改穿游牧民族的胡服，可是要汉人穿胡服并不那么简单，因为服装式样的改变，在中国古代就是一场大的改革。

赵武灵王提出改穿胡服之后，预料中的反对言论如潮水般涌来，朝中的多数大臣都不支持这项改革，主要理由就是不能出卖自己祖宗去穿胡服丢丑。

面对强大的反对势力，赵武灵王采取了极其克制的态度，他不发王者之威，不以王者之尊强行推广，而是苦口婆心地一一劝导，用今天的话来说就是做了大量的思想政治工作。从战争的发展，富国强兵的要略，反复地阐述自己的想法，拿出了最大的忍耐力。最难对付的是他的亲叔叔，借口生病，不早朝，也不听劝。赵武灵王知道他病在哪儿，每天都去探望他，但绝口不谈正题，天天如此，他叔叔大为感动，因为彼此都明白对方在做什么。

最后，大臣们都不再反对穿胡服。赵武灵王的“忍功”确实达到了目的，这是一种目标明确的“忍”。只有控制住自己的情绪，咽得下这口气，才能办得成大事。

这样的故事在历史上有很多，比如越王勾践“卧薪尝胆”，强忍亡国之恨，还要承欢仇人面前，忍辱负重，最后终于灭了吴国。假如他意气用事，逞匹夫之勇，早在国亡的那一刻他就没命了，命都没有了，还谈什么报仇雪恨，还有什么希望重建越国。

忍，也是一种等待，以忍求变，是为图大业等待时机成熟，忍之有道。这种忍，不是性格软弱，忍气吞声，而是高瞻远瞩之举，是高明人的一种谋略，是为人处世的上上之策。

克制是一大智慧

隋朝的时候，隋炀帝十分残暴，各地农民起义风起云涌，隋朝的许多官员也纷纷倒戈，转向帮助农民起义军。因此，隋炀帝的疑心很重，对朝中大臣，尤其是外藩重臣，更是易起疑心。

唐国公李渊曾多次担任中央和地方官，所到之处，悉心结交当地的英雄豪杰，多方树立恩德，因而声望很高，许多人都来归附。因此，大家都替他担心，怕他遭到隋炀帝的猜忌。正在这时，隋炀帝下诏让李渊到他的行宫去晋见。李渊因病未能前往，隋炀帝很不高兴，并因此产生了猜疑之心。当时，李渊的外甥女王氏是隋炀帝的妃子，隋炀帝向她问起李渊未来朝见的原因，王氏回答说是因为病了。隋炀帝又问道："会死吗？"这句话所包含的信息是很明确的，既起疑心，残暴的隋炀帝随时都有可能处死李渊。

王氏把这个消息传给了李渊，李渊更加谨慎起来，他知道自己迟早会为隋炀帝所不容，但过早起事又力量不足，只好隐忍等待。于是，他故意败坏自己的名声，整日沉湎于声色犬马之中，而且大肆张扬。隋炀帝听到这些，果然放松了对他的警惕。这样，才有后来的太原起兵和大唐帝国的建立。

可见，能够隐忍克制，包藏起自己的锋芒，也是一种大智慧。自古以来，人们只要看一个人的涵养和行事的风格，就能

知道他是不是可塑之才，是否有大将之风。因此，要成为人上人，除了胆识与能力之外，还要看他能否克制自己，能否克制自己的情绪。遇事不能冷静，并且经常以某种极端手段处理事情的人，绝不是一个成大事的人。

克制自己，并不是对凡事都无动于衷。该喜不喜，该悲不悲，该怒不怒，没有脾气个性，“一锥子扎不出血来”，那就成麻木不仁了。克制，是指自己能够操控自己的情绪，该隐忍的时候能够隐忍，该退让的时候退让，该爆发的时候也要爆发。韩信曾忍得胯下之辱，并不是他懦弱无能，斗不过一个市井的屠夫，而是杀人就要偿命，为一个无足轻重的人丢掉自己的性命不值得。所以，情绪处理得好，可以将阻力化为助力，帮你解危化险，营造政通人和的局面。情绪若处理得不好，便容易失去控制，产生一些非理性的言行举止，轻则误事受挫，重则违法乱纪。

所以说，克制是一种智慧，它有助于人们在攀登理想境界的征途中，消除情感世界不可避免的潜在危机。因而，对于一个成功的开拓者来说，“克制”既是实现既定目标的保证，又是取得更大成功的起点。假如李渊当初听了隋炀帝的话，怒火中烧马上与之理论或采取兵变，很可能会因为准备不足、时机不成熟而失败。一旦失败，则将永无机会从头再来。

自控是抑制自己的感情和情绪，控制自己的行为，使自己以最合理的方式来处理事情。偏偏很多时候，我们都控制不住自己的情绪，会不自觉地做出一些出格的事情。其实，成功与否也许就在你的一念之间，所以在做决定时，一定要冷静下来，多想想。只要想到如果不能克制自己，就很有可能造成无可挽回的损失，你的忍耐会来得更坚决些。

陷阱三十六：保持距离与面对孤独

如今人们都在高呼“零距离”，提倡亲密接触，可这样也会产生一些不必要的矛盾。因为每个人都是有缺点的，也许远看完美无瑕的一个人，近观却有很多缺陷，而且过于亲密的话，还有可能侵犯到别人的私人空间，不一定哪一天哪句话就会戳到别人的软肋，从而影响人与人之间的交往。古语说：“君子之交淡如水。”亲密无间是不能长久的，把握分寸，保持距离，才是与人交往的准则。

距离产生美

一位火车司机驾驶一列特快列车，年复一年地在同一条线路上行驶。

在离铁路不远的土坡上，有一座白色的小木屋。每当火车驶近土坡时，司机拉响汽笛，就有一个女人站在门廊里向他招手。司机在一千种光线、一百种天气里见过她，年复一年。

司机目睹、经历过种种险象、不幸和惨剧，但是，不管怎样，在他脑海里留下的印象都不如那座小屋和那个挥动胳膊大胆而自由地向他招手的女人来得深刻，而且富有魅力。这种印象美好而持久，超然于一切变更和毁灭之上。

二十多年以后，他老了，结束了在铁轨上往返的生涯。于是他来到了土坡上的那座小木屋前，那几乎是他心中辉煌美好的圣殿。

可当他叩开门，一个女人出现在他面前时，他感到极度的

失望和伤心：那是一个面容生硬而黄瘦的女人，目光呆滞，阴沉而含有敌意……顷刻间，他心目中那个富有魅力的女人，以及一切美好的印象，都消失得无影无踪。

就是这样，距离消失了，魅力也随之消失。距离产生美，是因为有一定距离，人们就能够展开想象，想象是最美的翅膀，任凭思绪飞扬，这样现实与梦想交错，美就产生了。

当然，那距离是空间的距离，也是心灵和现实的距离。其实，即使完全在现实中，距离有时候也是美存在的一种客观条件。

举世皆知，蒙娜丽莎的美丽无人能及，世界各地专程前往巴黎瞻仰她容貌的人们甚至踏坏了罗浮宫的门槛。但是，蒙娜丽莎的美，只能在距离油画两三米外才能显现，如果贴近来看，只有一堆皱巴巴、杂乱不堪的油彩；雄居五岳之首的泰山，其磅礴的气势也要从山外来看，真的身处此山中时，你会发现，那石、那树和别的山川没什么根本的不同；埃菲尔铁塔，从远处看蔚为壮观、气势磅礴，可走近了看，不过是一堆锈迹斑斑的钢条加铆钉。

在行驶的车上让人痴迷的远方景色，一座小瓦房、一片绿色耕田、几个扛锄的身影，在夕阳中像一幅淡淡的水彩画，可如果你兴高采烈地走进画里，却满眼是泥泞的路、斑驳的墙，没有了距离，美瞬时被真实代替。

还有在网上交友，言语文字之间两个人聊得热火朝天，互相在心中描绘对方的潇洒形象，看不见的倾诉充满柔情和智慧，缥缈的情感，美丽得叫人心碎。可等到两人真实地面对面时，才发觉一切都在想象之外。所以网友一般难逃“见光死”

的下场。

所以说，距离产生美，如果不想毁灭自己心中的美好，就要记得保持最初的距离。

所以，不论两个人是什么关系，都不要视亲密无间为最好最终的状态，保持一定距离，用距离给对方留出空间，才能相处得更自在、更融洽。

人的内心是孤独的，谁都渴望被接受，谁都渴望被了解。但人的内心又是隐秘的，没有谁愿意把自己的心灵赤裸裸地呈现给另一个人，被人看穿的滋味并不好受。所以，人与人的交往中对于距离的把控就成为了必须。想一想我们为什么对身边的事物熟视无睹，而对远方的风景有无限的期盼与向往，你就会明白，事物之间有了一定的距离，才会呈现出另一种美丽。人与人之间也是如此。

正视孤独

现实中，很多人都觉得自己很孤独。其中有一种人的孤独是天生的，它看似淡如朝云，却深入骨髓。但还有更多的人是在歪曲孤独的真正含义。

比如有的人整天无所事事，游手好闲，一个人闷得发慌，实在忍受不住，故大喊“孤独”。实际上这只是一种没有名堂的“无聊”。也有的人吃喝玩乐不成问题，但没有比较感兴趣的特长和爱好，一闲下来就会无所适从。这种人，让他自己待一个钟头，这简直是一种酷刑。这也不是孤独，而是精神贫乏的空虚。

真正的孤独与我们身处的环境无关，即使置身于人海中，

那种孤独感也无法排遣。因为这种感觉来自内心深处，是由于无人理解所造成的内心的失落。

孤独来临时，我们会感到自己是一个与任何人无关的个体，没有人能够理解我们，没有人真正需要我们，这是一种来自生命深处的凄凉感，很容易让自己卷入一个黑暗的漩涡无法自拔。那些在生命的盛年选择自杀的人们，通常就是由于这种孤独感太深刻了。

当然，孤独并不都是灰色的，更不一定会导致自杀。对于不同的人，孤独有着截然不同的意义。它能使空虚的人感觉孤苦，使浅薄的人更加浮躁，而使睿智的人变得深刻。所以，有一些人孤独时，可能百无聊赖，情无所寄；而另一些人孤独时，也可能是沉浸在创作的欢愉之中，文思泉涌，此刻，孤独便成了一种享受。

所以，孤独的人并没有什么可耻的。孤独只是人的一种心理状态，只要正视它，不但可以化解自己的悲伤，还可以从中获得宁静、思考，然后使灵魂得到提升。

伟大产生于孤独

不是所有的人都拥有孤独，不是所有的人都能面对孤独而活得酣畅。西哲说："只有伟大的人，才能在孤独并在寂寞中完成使命。如果要成为强者，即不可避免寂寞，而唯有那些能够坚强、能够面对孤寂的人，才有力量使他的天赋才华不致被孤寂所吞噬，反而因磨炼而发热发光，照耀他自己的天空，那就是伟人。"

可见，孤独可以使人缄默不语，但不能使伟人停止创造。

事实上，那些伟大的灵魂通常都是孤独的。因为他们有伟大的思想，可是他们的思想又得不到了解和传播，甚至得不到人们的承认，他们感受到深深的伤害。因此，他们就产生了那种无法排遣的孤独感。

尼采在《瞧！这个人》这本书中说："人们既不相信我的话，也不了解我，这是一个事实。这个事实将我事业的伟大性和我同时代人的渺小性之间的悬殊，明白地表现出来了。"

尼采是个有名的受了刺激的人。人们不能理解他，也不相信他。矛盾出在什么地方呢？这个矛盾就在于这个伟大的人物很早就意识到了自己的伟大，而现实的世界却对他的伟大毫无反应，对他的言论毫不理睬。也就是说，他在那里期望鲜花和掌声，可得到的却是不折不扣的冷漠。这种情形往往会使尼采这样的人愤怒不已。所以，他们就贬低普通大众，甚至于破口大骂。尼采所说的所谓"同时代人的渺小性"就是他愤怒的结果。

这种愤怒也使得他们将自己和普通大众隔开，并在这之间筑下一道鸿沟。他们决不肯与普通大众为伍，以表示他们的不屑。所以尼采又说："听着！因为我是如此的一个人，请看在老天爷的份上，不要把我和任何其他的人混在一起！"

不仅尼采如此，很多伟大的人物也都如此。卢梭在他《忏悔录》的开卷中就宣称他是与众不同的，上帝给了他一个与众不同的模子。

还有那位在年轻的时候就写下了他的主要哲学著作，而一直到他生命的最后几年才得到他所需要的声誉的哲学家叔本华，这个极其自负的人，一生都在为他的思想得到社会的承认

而努力。

叔本华一生都是一个孤独的人。他曾非常自信，觉得他的思想会震撼整个思想界。他甚至吹牛说他的著作的某些段落是圣灵口授给他的，即使这样也没有人愿意读一读他的书。因此，他的主要著作《作为意志和表象的世界》第一版的大部分印册就只好被别人当作废纸卖掉了。在柏林大学任教时，叔本华决心与黑格尔一比高低。他把自己的课与黑格尔的课设在同一个时间，但他没有胜过黑格尔，据说来听他的课的人从来就没有超过三个。

叔本华有这样的自负，却得到了社会如此的冷遇，他的失望是可想而知的。之所以这样，是由于思想者的思想超越时代，不能在他们所生长的时代实现自己的理想和信仰，其思想无法得到同时代人的真正理解和认同，无法与之共鸣，他们的人生之旅无法完成自我的整合，所以他们既是伟大的，又是孤独的。这种孤独是一种思想家独有的内在孤独，是一种伟大而深刻的孤独。

不但是思想家，在任何领域里做出过不朽贡献的人们都有这种“伟大的孤独”，正是这种孤独，为人类创造出了无数财富。

“前不见古人，后不见来者”，陈子昂的孤独凝结成怆然而下的泪水，漂洗着无法施展的抱负；“路漫漫其修远兮，吾将上下而求索”，屈原的孤独荡漾成滔滔江水，负载着壮志难酬的悲愤；“躲进小楼成一统，管他春夏与秋冬”，鲁迅先生把孤独凝固成铮铮发亮的匕首，投向黑暗的心脏。还有梵·高的《向日葵》、贝多芬的《命运》、柴可夫斯基的《悲怆交响曲》无一不是孤独的产物。

所以，古来圣贤皆孤独。在这些高贵的灵魂里，孤独是一团永不熄灭的火炬，那熊熊燃烧的光亮照彻了整个寰宇，给人类以光明和温暖。

在生命的旅途中，总会有一些无人相伴的时光，因此任何生命个体都不可能摆脱孤独。这既是生命与之俱来的痛苦，又是自然赋予我们生命的尊严。西谚云：如果一个人能够沉浸在孤独之中，那么他便是一个拥有无穷力量的人。所以，孤独既不可怕也不可耻，上苍恰恰是通过生命个体的孤独来激发其创造潜能的。

陷阱三十七：凡事不要刨根问底

生活中，有些人喜欢刨根问底，对于某些事情穷追不舍，问来问去，结果不但惹人反感，而且对于一些隐秘的事情，知道了真相反而不如不知道的好。所以，对于一些事不要太认真，不要凡事都刨根问底。

有些事不能太认“真”

孔子东游时，到了一个地方，他感觉腹中饥饿，就对弟子颜回说：“前面有一家饭馆，你去讨点饭来。”颜回走到一家饭馆，说明来意。

那饭馆的主人说：“要饭吃可以啊，不过我有个要求。”颜回忙道：“什么要求？”主人回答：“我写一字，你若认识，我就请你们师徒吃饭，若不认识就乱棍打出去。”颜回微微一笑：“主人家，我虽不才，可我也跟随老师多年。慢说一字，就是一篇文章又有何难？”主人也微微一笑：“先别夸口，认完再说。”说完拿笔写了一个“真”字。颜回哈哈大笑：“主人家，你也太欺我颜回无能了，我以为是什么难认之字，此字我颜回五岁就认得。”主人微笑道：“此为何字？”颜回说：“是认真的‘真’字。”店主冷笑一声：“哼，无知之徒竟敢冒充孔老夫子门生，来人，乱棍打出去！”

颜回就这样回来见老师，并说了经过。孔老夫子微微一笑：“看来他是要为师前去不可。”说罢来到店前，说明来意。那店主一样写下“真”字。孔老夫子答曰：“此字念‘直八’。”那店主笑道：“果是夫子来到，请。”

就这样孔子众人吃完喝完不出一分钱走了。颜回想来想去弄不明白，问孔子：“老师，你不是教我们那字念‘真’吗？什么时候变‘直八’了？”孔老夫子微微一笑：“有些事是认不得‘真’啊。”

孔老夫子都说，有些事认不得“真”，该糊涂的时候就糊涂一下，该不坚持的地方就忍让一番，该后退的时候就权且后退一步，没有什么大不了。如果一味地坚持自己的做事习惯，认死理一丝不苟，喜欢打破砂锅问到底，那么你是不是会得罪人且不说，单是颗不开窍的脑袋就够人受得了。

比如对情感过于执着的人，恋人离他而去，他想知道这究竟是为了什么，恋人为什么离开，为什么他为她付出了那么多却得到这样一个结果，她究竟在想什么，怎么就这样抛弃了他……想来想去想不明白，一心只想弄清楚事情的真相，就这样吊在这棵已经枯萎的树上，任年华流逝，伊人却永不复返了。

所以，在生活中太认真了会很累，凡事都刨根问底最终会把自己捆上。有时候忽视隐藏的真相未必不是一种明智。

大清朝乾隆皇帝何等聪明，居然能把纪晓岚与和珅这样的人物同时放在身边。既然明白纪晓岚的才学出众和两袖清风，留他辅政，又为什么还对大贪官和珅砷委以重任？难道乾隆不知道和珅是个势利小人、不知道他贪污的事情？

很明显那不可能。只不过是帝王的胸襟广袤，不与之较真，不想揭穿真相，不刨根究底而已。为什么不刨根究底？因为乾隆皇帝明白君子小人并存，必须各用其半的道理。小人唯利是图，只要有利益便死心塌地跟随着。因为没有什么能力，必然

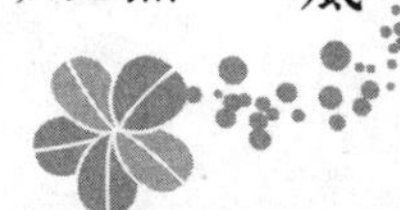

唯诺是从。君子要做大事，但因有才智必有个性，桀骜不屈，难以驯服。因此两者互相影响制约，才能实现各自最高的价值。

所以说，有些时候有些事是太认“真”的，太刨根究底了不但于事无补，反而会搅了大局。

有些真相“不可触碰”

每个人在内心最深处，也许都藏着一点永远不会拿出来示人的隐秘。这些隐秘是需要极力掩饰的，如果被人“刨”出来就会造成很大的伤害，这与是否信任那个“刨根”的人常常没有关系。因为一些隐秘，也许是生命的隐痛，也许是曾经的伤疤，也许是敏感的话题，注定不可触碰。

有一位女士和丈夫结婚五年，夫妻感情很好，但一直没有孩子。原因是丈夫说他想要一个“丁克”家庭，一直让她避孕。一开始这位女士信以为真，但日子久了，她发现即使自己忘记采取避孕措施，也并未出过什么麻烦。她起了疑心，以为自己身体有什么毛病，就背着丈夫去医院检查，结果却一切正常。那么，难道是他……她开始留意丈夫。经过多次观察、验证，种种迹象都告诉她，很可能，她丈夫确实不能生育，而且，他自己早就清楚此事。

这件事对这位女士的打击很大。不是因为她有多么想要孩子，这方面她比较开明，觉得只要相亲相爱，二人世界也很美满。让她生气的是丈夫的态度，他为什么要瞒着自己？她后来曾用话试探过，可丈夫总是讳莫如深。这位女士万般烦恼，她觉得夫妻之间应该坦诚，可丈夫对她连起码的信任都没有。

其实，没有生育能力，对于很多男性，都是种令自己一生痛楚的隐秘。这种隐秘是不可触碰的，这与他信不信任妻子没有关系。如果这位女士揭穿丈夫想要“丁克”家庭的真相，恐怕他会受到很大的伤害，两人世界的美满恐怕也会罩上一层阴影。

遇到这样的事情，最好的选择就是装作不知真相。既然夫妻感情很好，在要不要孩子一事上也非常想得开，那么，丈夫究竟是不想生育还是不能生育，其实也就无所谓了，又何苦非要刨根问底，逼得他没地方躲闪呢？

一个女孩在高三那年和一个男生走得很近，他们一同上学，一同回家，周末相约自习。但他们只是亲密地并肩作战，不是什么早恋。可是，班里的谣言是难免的，不久之后老师也知道了这件事，随后召开家长会，女孩的妈妈也知道了。老师单独告诉妈妈这件事的时候被女孩看见了，她的心变得冰冷。那天她一直学不下去，想象着种种不堪的后果，甚至想到从这个世界消失掉。

然而，回家之后妈妈并没有认真地和她谈起这件事，只是随便问了问她有没有让其他事影响学习，得到了否定而坚决的回答后，妈妈就像往常一样做别的事情去了。女孩的心情平静了许多，觉得一切又变得有希望起来，又开始用心学习了。然后一点点淡忘了这件事。

后来，女孩考上了大学，渐渐和那个男生失去了联系，他们只是那时彼此的一个依靠，时过境迁也就不再需要了。女孩的妈妈其实是知道这一切的，老师已经把什么都告诉她了，可她没有对这件敏感的事情追根问底，她选择了宽容和理解。

如果那时候这位妈妈不是那样对女儿，如果她一定要女儿

交出那个不是秘密的秘密，一切又会怎样呢？女儿的学习会受到极大的影响，还有那个男孩也一样，追根究底带来的将是两个年轻人前程的灰暗。

所以，有些真相“不可触碰”，追根究底的态度很容易扩大事态，给人带来伤害。尤其是在亲人和爱人之间，如果想一直相亲相爱，最好别贸然去碰对方的伤口；想长久相亲相爱，就得学会发现并小心呵护对方心灵不可示人的真相。

刨根问底不是不可以。在对待科研、技术等问题的时候，这是一种完全值得称誉的进取态度。但放到人际交往上。就要尽量收起你的好奇心了。因为每个人都有隐私权，有些事情会成为一个人不想示人的隐秘。不想告诉你不是缺乏信任，而是难以面对这个隐秘的并非是别人，而是他自己。刨根问底，会让人难堪，甚至使人受伤。

不仅如此，有时知道真相不如不知的好。既然这样。睁只眼闭只眼不就过去了吗，何必太执着呢？

不要真生气

我想每个人都听过这句话：生气是拿别人的错误惩罚自己。然而真正做到不惩罚自己的人恐怕没有吧？也许除了和尚。不生气真的好难，比如走在路上被人泼了一身水，也不知道是什么水。虽然对方一个劲地道歉，你也明白人家不是故意的，可是看着自己湿漉漉的衣服，还是忍不住抱怨：真可气，怎么这么倒霉？于是一整天都在想这件事，又后悔不已，早知道就早点出门，要么就晚点出门。总之，到头来还是在生自己的气。现在想一想，真是不值得，反正被泼了就泼了，再怎么抱怨、后悔都没用，衣服还是湿的。其实倒不如这样想，也许我穿这件衣服不好看呢，不是常说遇水则发吗？这样一来，快乐指数不就上来了，回家换件衣服，重新开始新的一天。宽恕了他人，宽恕了这件事，不等于宽恕了自己吗？为什么一定要为了一件已经无法挽回的事而破坏自己一天的情绪，浪费自己美好的 24 小时呢？不过，说起来容易做起来难，不管怎样，要尽量学会宽恕，也不必成为和尚，只求宽恕该宽恕的人和事，让自己变得开心一点。

过失，尤其是我们对过失的自我谴责和反省，更被认为是富有意义的。当一个人下定决心接受截肢手术时，他一定不会再把他的残肢视为值得保留的躯体的一部分，而是把它当作多余的、对生存形成威胁的、必须舍弃的废物。在面部整容手术中，疤痕组织必须完全地去掉，伤口才能彻底地愈合，对伤口要给予特殊保护，以确保面容的每一个细小的部位都得到恢复，使脸部像受到损伤以前一样。医疗上的根除并不困难，困难的是能使你自己乐于抛弃自我的情感，困难的是你自己乐于无保留地消除精神上沉重的负担。我们觉得难以宽恕自己，只是因为我们往往从自我谴责中寻找一种安全感，我们常常通过遮掩着自己的伤口，以获得一种反常的病态的乐趣。当我们谴责他人时，就会产生一种居高临下的优越感。但却没有人愿意否认，谴责给人带来的只是一种虚幻的满足。

实际上，做到不生气并不难，心理医学研究表明：一个人心情舒畅，精神愉快，中枢神经系统处于最佳功能状态，那么，这个人的内脏及内分泌活动在中枢神经系统调节下皆处于平衡状态，使整个机体协调，充满活力，身体自然也健康。

在生活的不幸面前，应保持冷静的思考和稳定的情绪，遇事心态平和、冷静客观地做出分析和判断。

要从多方面培养自己的兴趣与爱好，如书法、绘画、集邮、养花、下棋、听音乐、跳舞、打太极拳等，从事这些活动，可以修身养性，陶冶情操。

对自己要有自知之明，遇事要尽力而为，适可而止，不要好胜逞能地去做力不从心的事，只做自己力所能及的事。

不要过于计较个人的得失，不要常为一些鸡毛蒜皮的事而动辄发火，愤怒要克制，怨恨要消除。

保持和睦的家庭生活和友好的人际关系、邻里关系，这样在遇到问题时就可以得到各方面的支持。

陷阱三十八：学会遗忘才能不沉湎过去

人的一生中，有些往事是无法遗忘的，即使和这些往事有关的人已经消失，即使这些事情早已被别人忘记，可它们偏偏存在于我们的内心深处，一不小心就会跳出来干扰我们的正常生活，使我们有意无意地沉湎于过去不能自拔。可是，生活的航船必须继续向前行驶，前面还有很多事情等着我们去完成。所以我们不能总活在过去，这个时候，必须学会遗忘。

告别“过去时态”

有一位年过四十的人，在最近的一次公司改组中失去了工作。被解聘之后，他逢人就诉说自己所遭受的不公平待遇。他告诉别人，他在公司的时候，整个公司上下一切都是怎样地依靠他，而最后自己却是怎样地被人恶毒地扳倒了。他和别人的谈话内容都是过去的事情。他不停地诉苦，觉得过去公司亏欠了他，自己活得没有一点意思，而对于以后，他则没做过任何打算。

开始，身边的人还给予他同情的安慰，可是到了后来，人人都觉得他像鲁迅先生小说中的“祥林嫂”，他被解聘是咎由自取。因为，他是一个十足的专讲“过去时态”语句的人，而且只会说些不幸、恐怖、消极的事。如今，他依然在失业中，如果专讲“过去时态”这一点没有彻底的改观，对他而言，失业的岁月会相当漫长。

其实，过去的事情都已经过去了，时光不会停留，更不会

倒流。生活就是一个过程，发生过的事情永远都无法改变了，放任自己沉湎于过去是一种消极的做法，不但没有任何用处，还会影响现在及以后的生活。所以只有告别“过去时态”，才能正视现实，才能鼓起勇气面对今天和明天，才是一个聪明人的选择。

将旧事写在沙上

有一则阿拉伯故事：两个朋友在沙漠中旅行，旅途中他们为了一件小事争吵了起来，其中一个还打了另一个一记耳光。被打的人觉得很受屈辱，一个人走到帐篷外，一言不发地在沙子上写下：“今天我的好朋友打了我一巴掌。”他们继续往前走，一直走到一片绿洲，停下来饮水和洗澡。就在水边，那个被打了一巴掌的人差点淹死，幸好被他的朋友救了起来。被救起之后，他拿了一把小剑在石头上刻下了：“今天我的朋友救了我一命。”他的朋友好奇地问道：“我打了你之后，为什么你要把这件事写在沙子上，而现在我救了你，你却要把这件事刻在石头上呢？”他笑着回答：“当被一个朋友伤害时，要写在易忘的地方，风会负责抹去它；相反，如果被帮助，我们要把它刻在心灵的深处，任何风都不能磨灭它。”

道理就是这样，好的事情把它记在心里，以期将来还能心存感激或者感到温暖；坏的事情则要写在沙上，让时间的风将它越吹越淡，直到消失不见。然而，很多人却反其道而行，越是不好的事情在心里放得越深，时不时地拿出来让自己心痛一番，甚至沉湎其中，逃避现实。其实，每一天的阳光都是新的，忘记过去，才能更好地面对现在。

一个女孩毫无道理地被老板炒了鱿鱼。中午，她坐在单位喷泉旁边的一条长椅上黯然神伤，她感到她的生活失去了颜色，变得暗淡无光。这时她发现不远处一个小男孩站在她的身后咯咯地笑，她好奇地问小男孩笑什么呢。“这条长椅的椅背是早晨刚漆过的，我想看看你站起来时后背是什么样子。”小男孩说话时一脸得意的神情。

女孩一怔，猛地想到：昔日那些刻薄的同事不正和这小家伙一样躲在我的身后想窥探我的失败和落魄吗？我决不能让他们的用心得逞，我决不能丢掉我的志气和尊严！

女孩想了想，指着前面对那个小男孩说，你看那里，那里有很多人在放风筝呢。等小男孩发觉自己受骗而恼怒地转过脸时，女孩已经把外套脱了拿在手里，她身上穿的鹅黄的毛衣让她看起来青春漂亮。小男孩甩甩手，嘟着嘴，失望地走了。

生活中的失意随处可见，就像那些油漆未干的椅背一样，在不经意间就会让我们苦恼不已。但是如果已经坐上了，也别只是埋怨沮丧，因为既然已经坐上，后背已经沾上油漆，在那一刻已经擦不掉，已经无法改变了。其实解决的方法也很简单，只要脱下外套，把懊恼甩掉，就像将旧事写在沙地上，让风抹去一样，你就会发现，世界依然美丽，你的新生活才刚刚开始！

把“泥沙”踩在脚下

有一天，农夫的一头驴子不小心掉进了一口枯井里，农夫绞尽脑汁要救出驴子，但几个小时过去了，驴子还在井里痛苦地哀嚎着。

最后，这位农夫决定放弃，他想反正这头驴子年纪大了，不值得大费周折去把它救出来，不过无论如何，这口井还是得填起来。于是农夫便请来左邻右舍帮忙一起将井中的驴子埋了，以免除它的痛苦。

农夫的邻居人手一把铲子，开始将泥土铲进枯井中。当这头驴子了解到自己的处境时，刚开始叫得很凄惨。但出人意料的是，一会儿这头驴子就安静下来了。农夫好奇地探头往井底一看，眼前的情景令他大吃一惊：

当铲进井里的泥土落在驴子的背部时，驴子的反应令人称奇——它将泥土抖落在一旁，然后站到铲进的泥土堆上面！

就这样，驴子将大家铲倒在它身上的泥土全数抖落在井底，然后再站上去。很快，这头驴子便得意地上升到井口，然后在众人惊讶的表情中快步地跑开了！

就像那头驴子一样，在一个人生命的旅程中，有时候难免会陷入“枯井”里，还会有各式各样的“泥沙”倾倒在我们身上，而想要从这些“枯井”脱困的秘诀就是：将“泥沙”抖落掉，然后站到上面去！既然事情已经发生，就不要再把它想来想去、纠缠不清，不如将它当作倒在身上的“泥沙”一样抖落掉，然后踩在上面，从过去汲取教训，以鞭策自己对将来的信心。

法国一个偏僻的小镇，据传有一个特别灵验的水泉，常会出现神迹，可以医治各种疾病。有一天，一个拄着拐杖、少了一条腿的退伍军人，一跛一跛地走过镇上的马路，旁边的镇民带着同情的口吻说：“可怜的家伙，难道他要向上帝祈求再有一条腿吗？”

这句话被退伍军人听到了，他转过身对他们说：“我不是要向上帝祈求有一条新的腿，而是要祈求他帮助我，教我少了一条腿后，如何把日子过得更好。”

接受失去的事实，在失去之后更加坚强。不管在人生的道路上失去了什么，总是要让自己的生命充满亮丽与光彩。只有那些把“泥沙”踩在脚下的人，才能活得更有意义。

有句歌词写得好：“昨天毕竟短暂，明天才是永远。”昨天已经成为历史，频频回首过去并沉湎其中是对现实的逃避，更是对自己的伤害。洒脱些，学会遗忘吧。遗忘可以使一个原本不快乐的人变得快乐，也可以使一个原本对人生失去信心的人找回自信。重新扬起生活的风帆，把那些不幸的旧事都踩在脚下，就会发现，你现在比昨天站得更高。

陷阱三十九：不要仅为薪水而工作

现在很多人把薪水视作衡量自己工作好坏的标准，薪水多工作好，薪水少则有待更换。其实，工作固然是为了生计，但是比生计更可贵的是，要在工作中充分发掘自己的潜能，发挥自己的才干，使自己的生命得以充实。

为薪水而工作，看起来目的明确，但是在这个目标的引领下，我们往往会被短期利益蒙蔽心智，使我们看不清未来发展的道路，即便日后奋起直追，振作努力，也无法超越。

不为薪水而工作

有两个刚刚毕业的学生正在寻找工作，他们都很聪明，在学校时成绩都十分优秀，对于他们来说，有许多工作机会可供选择。这时，他们老师的一位朋友刚创办了一家小型公司，委托这位老师物色一个适当的人做助理，于是老师建议他们两个去试试看。

他们俩分别去应聘，第一位前去拜访的是吉米，面谈结束后他打电话给他的老师，用一种厌恶的口气说："您的朋友太苛刻了，他居然只肯给我400美元月薪，我拒绝了他。现在，我已经在另一家公司上班了，月薪是600美元。"

后来去的是唐克，尽管老板开出的月薪也是400美元，尽管他同样有更多赚钱的机会，但是他却欣然接受了这份工作。当他将这个决定告诉老师时，老师问他："如此低的薪水，你不觉得太吃亏了吗？"

他说：“我当然想赚更多的钱，但是我对您朋友的印象十分深刻，我觉得只要能从他那里多学到一些本领，薪水低一些也是值得的。从长远的眼光来看，我在那里工作将会更有前途。”

四年过去了。吉米在另一家公司的薪水是年薪 7200 美元，现在他也只能赚到 8750 美元；而最初年薪只有 4800 美元的唐克，现在的固定薪酬是 20000 美元，外加红利。

这两个人的差异到底在哪里呢？就差在吉米目光短浅，被最初的赚钱机会蒙蔽了，而唐克却基于能学到东西的观点来考虑自己的工作选择，通过工作提高自己的能力，在赚钱的同时也赚到了使自己站得更高的机会。

因此，不要为薪水而工作，因为薪水只是工作的一种报偿方式，虽然是最直接的，但也是最短视的。一个人如果只为薪水而工作，没有更高的目标，并不是一种好的人生选择，受害最深的不是别人，而是自己。

比薪水更重要的

工作所给你的，要比你为它付出的更多。工作的报酬不仅仅是薪水，如果你将工作视为一种积极的学习经验，那么，每一项工作中都包含着许多个人成长的机会。

在宾夕法尼亚的一个山村里，曾经住着一位卑微的马夫，后来这位马夫竟然成了美国最著名的企业家之一，他就是查尔斯·齐瓦勃。

齐瓦勃先生是如何获得成功的呢？齐瓦勃先生的成功秘诀是：每谋得一个职位，他从不把薪水的多少视为重要的因素，他最关心的是新的位置和过去的位置相比前途和希望是否更

远大。

他最初在钢铁大王安德鲁·卡内基的工厂做工，当时他就对自己说："总有一天，我要做到本厂的经理。我一定要努力做出成绩来给老板看，使老板主动来提拔我。我不会计较薪水的高低，我只要记住：要拼命工作，要使自己工作产生的价值，远远超过自己的薪水。"

这样，当同事抱怨待遇低微时，齐瓦勃却更加把注意力集中在工作上。他明白，目前的待遇是多是少，与他将来想要获得的财富相比，都是微不足道的，计较这几美元是很无聊的。他看清了周围人的卑微愿望和平庸命运，也在自己的卓越之路上默默努力。他做任何事情都保持乐观的心态、愉快的情绪，他在业务上尽可能做到尽善尽美、精益求精。人们习惯于把难度高的事情交给他来处理，他渐渐成了公司的主心骨。

这样一直坚持下来，在 30 岁时，他成了卡内基钢铁公司的总经理，39 岁时，他又出任全美钢铁公司的总经理。

因此，不必过分考虑薪水的多少，而应该注意工作本身带给你的报酬。譬如发展自己的技能，增加自己的社会经验，提升个人的人格魅力……与你在工作中获得的技能与经验相比，微薄的工资会显得不那么重要了。因为老板支付给你的是有数的金钱，而你自己赋予自己的却是可以令你终身受益的无价的能力。

能力比金钱重要万倍，因为它不会遗失也不会被偷。人们都羡慕那些杰出人士所具有的创造能力、决策能力以及敏锐的洞察力，但是他们也并非一开始就拥有这种天赋，而是在长期工作中学习和积累起来的。

所以说，一个人如果总是为自己到底能拿多少薪水而大伤脑筋的话，那么他就大错特错了，因为他会因此看不到薪水背后可能获得的成长机会，也因此意识不到从工作中获得的技能和经验将怎样影响自己的未来。这样的人放弃了比薪水更重要的东西，只会无形中将自己困在装着薪水的信封里，永远也不懂自己真正需要的是什么。

“钱”途与前途

高薪与个人发展是一对矛盾的统一体，二者有时和谐，但还有很多时候就如同鱼与熊掌不可兼得一样，让人只能选择其一。那么该如何正确地看待“钱”途与前途呢?

也许是亲眼目睹或者耳闻父辈的下岗和他人被老板无情解雇的事实，现在的年轻人往往将社会看得比上一代人更冷酷、更严峻，因而也就更加现实。在他们看来，我为公司干活，公司付给我一份报酬，等价交换，仅此而已。

实际上，一个以薪水为个人奋斗目标的人是无法走出平庸的生活模式的，因为他们看不到薪水以外的东西，也从来不会有真正的成就感。

身价过亿的“小超人”李泽楷曾劝勉青年人，在选择事业时不要太着眼于金钱回报，应讲求个人兴趣和理想。他说：“当然要讲求实际生活需要，但只顾着赚回来的金钱何时才可以买车买楼的话，只会成为金钱的奴隶。”李泽楷说，当他还在幼年时，对身边的事物都充满兴趣。看到升降机时，便对它产生兴趣，希望日后可以负责控制升降机；见到“的士”时，又想过要当“的士”司机；长大后，看到跑车，又很希望当赛车

手；学会驾驶飞机后，又很想做飞行员。不过，对各种事情都感兴趣的李泽楷，还是选择了与高科技有关的事业。回想刚建立卫星电视时，外界曾质疑他的计划是否可以赚钱，李泽楷很庆幸当时自己没有太看重风险和金钱回报，否则卫星电视今天也不会遍及全球63个国家，而在亚洲更有一亿多人收看。结合自己的经验和切身体会，李泽楷相信，要想成功，在决定做事前，不能只从物质角度决定做与不做，还要考虑自己的兴趣和理想，否则遇到不正当引诱时，便会控制不住。他说："只要事业是自己的理想，纵然失败，也可从失败中找到自尊和自豪。"

横眉冷对"金钱奴隶"，俯首甘为"志趣主人"。"小超人"李泽楷的择业给我们的启示是：在择业时不能盲目接受金钱的误导，而要从自己的理想与兴趣出发，选择真正值得自己奋斗终生的事业。

在"钱"途和前途面前，如果能够二者兼得当然最好，如果只能选择其一的话，当然还是前途更重要。

工作的报酬不仅仅是薪水，它给予你的还有很多。无论薪水高低，工作中尽心尽力、积极进取，以使自己得到锻炼并积累经验，这往往是事业成功者与失败者之间的不同之处。那些不满于薪水而对工作敷衍了事的人，无异于将自己的希望断送，因为他们埋没了自己的才能，一生只能做一个庸庸碌碌、心胸狭隘的人。

将工作仅仅当作赚钱谋生的工具，这种想法本身就会让人蔑视。

培养对自己工作的兴趣

人们疲倦往往不是工作本身造成的，而是因为工作的乏味、焦虑和挫折所引起的，它消磨了人对工作的活力与干劲。

赖一鸣是一家汽车维修公司的二级修理工，上班时他不是拧螺丝，就是开车床，整天得跟这些油乌乌的汽车零件打交道，工作无聊到极点。可是，他却不能放弃这些，因为他必须以此为生。于是，赖一鸣就下决心把自己的工作变成新的样子，便开始着手研究汽车的构造是怎样的，为什么汽车能行走？行走一段时间后为什么会发热？汽车运行原理同火车行走有什么不一样？这样一来，他的这份工作对他就很有吸引力。经过努力，他成为该汽车维修公司的维修专家，后来被送到一所职工大学攻读“机械制造。”

当我们在做自己喜欢的事情时，很少感到疲倦，很多人都有这种感觉。比如在一个假日里你到湖边去钓鱼，整整在湖边坐了 10 个小时，可你一点儿都不觉得累，为什么？因为钓鱼是你的兴趣所在，从钓鱼中你享受到了快乐。产生疲倦的主要原因是，对生活厌倦，或对某项工作特别厌烦。这种心理上的疲倦感往往比肉体上的体力消耗更让人难以支撑。心理学家曾经做过这样一个实验：他把 18 名学生分成两个小组，每组 9 人，让一组学生从事他们感兴趣的工作，另一组学生从事他们不感兴趣的工作，没过多长时间，从事自己所不感兴趣的那组学生就开始出现小动作，再一会儿就抱怨头痛、背痛，而另一组学生正干得起劲呢！

同是汽车修理，为什么赖一鸣原来就觉得乏味，而后来就

感到快乐呢？原因就在于他给自己的工作注入了生命，培养了对自己工作的兴趣。

把工作当成好玩的游戏

有个成功的秘诀，就是把自己的工作和自己的兴趣密切结合在一起。

美国医药界的翘楚查里·华葛林原来只开设一家规模很小的西药房，他也有和一般人一样的见解，他怨恨自己的职业，他也常涉足歌台舞榭，可是他曾自问："我能舍弃这种生涯吗？""我能在我的职业中施展才能吗？"终于，他下定决心，想了一个方法，找到了使他获得成功的钥匙。他曾欣欣然自述他为顾客服务的态度，怎样使顾客满意，怎样招徕生意"假如有人电话购货，我一面接电话，一面举手招呼我的伙计把物品送去。"

有一天电话来了，他大声回答说："好，郝斯福夫人，两瓶消毒药水，0.25 磅消毒棉花，还要别的吗？啊！今天天气真好，还有……"他不住地讨好他的顾客，同时指挥伙计，把货物取齐，马上送去。伙计也训练有素，在接电话 1 分钟内，就将物品送至郝斯福夫人的家，而他们仍在继续谈话，等她说："门铃在响了，华葛林先生，再见！"于是他放下了电话听筒，面露喜色，知道货已送到。

事后，郝斯福夫人常对别人说起这件事：当她订货的电话尚未打完，物品已经送到了。她无意中的传播，使附近的居民都来他的药房购物，并渐渐扩展到别处居民，使他们都成为他药房的长期顾主。于是，他的药房便扩展成了公司，并成立了制药厂，各地都设有分店。

你可听说过有哪个人讨厌自己的工作，而获得很大的成功？相信你从来没听说过。华氏的成功诀窍，在于他工作的态度。他觉悟到职业原来可以作为极有兴趣的游戏，便以游戏的竞技者出现，努力发挥竞技的技巧，尽力去做。

陷阱四十：不要为老板而工作

你是否曾经因为工作的枯燥乏味而消极怠工；你是否曾经因为薪酬低廉而怨天尤人；你是否曾经因为自己觉得没有得到老板的重视而牢骚满腹……相信大多数人的回答是肯定的。我们为什么会消极怠工、怨天尤人、牢骚满腹？真的是工作乏味、薪酬太低、自己没被重视吗？不是，是因为我们没有搞清楚自己在为谁工作。

你在为谁工作？是为领导、公司、老板吗？不是，正如一位哲人所说："工作中收获最大的就是你自己。"

工作不是一种简单的雇佣关系

"我只拿这点钱，凭什么干那么多工作""我为公司干活，公司付给我报酬，这是等价交换""工作是跳板，何必那么认真，说得过去就行"，类似这种"我不过是为老板打工"的想法很普遍。在很多人眼里，工作只是一种简单的雇佣关系，做多做少，做好做坏，对自己意义不大，达到要求就行。

事实并非如此，怀有这种想法的人不过是在有意无意地为自己的懒惰和渎职寻找理由。他们有的觉得领导对他们的能力和成果视而不见；有的说公司的薪酬体制不合理；有的说老板太吝啬，付出再多也得不到相应的回报。然而，如果一个人总为工作之外的事情大伤脑筋的话，他就看不到工作中成长的机会，无法从工作中获得技能和经验，从而影响自己的发展。

其实，一份工作并不只是一种谋生的手段，也不能说我们工作就是给老板赚钱。它对于个人的意义非常重大，因为它为我们创造了一个施展才华的舞台。我们可以通过这个舞台向别人展示自己，为自己创造一个发展的机会。

一位大学生毕业后到一家公司做销售，一年后公司经营不善，濒于倒闭。大多数员工每日人心惶惶，无心工作。这位年轻人却还像过去一样，勤奋工作，站好最后一班岗。公司关门后，老板马上把他介绍给自己的一位朋友——一家大公司的老总，并告诉那位老总说这是一个可以信赖的人。几年后，这位年轻人成了这家大公司的营销总监。

所以说，工作是我们成长中的另一所学校，现在的努力并不完全是为了现在的回报，更是为了未来。老板可以控制我们的薪水，可是他无法控制我们提升获得更高待遇的工作能力。

因此，无论遇到什么情况，我们都不应该为自己寻找抱怨、偷懒、渎职的借口，因为我们不仅仅是为老板工作、为工资工作，更是为自己工作，为自己的未来工作。

努力工作吧，因为工作不仅给我们带来了薪酬、丰富了我们的经验、提升了我们的能力，而且会为我们下一步的发展创造更多的机遇。

要为自己而工作

一位刚毕业的大学生找到第一份工作后，大概有半年多时间，老板没给他涨工资。他感到很生气，觉得老板根本没有重视他。这个年轻人很傲气，觉得自己的才华在这家小公司里被埋没了，为了寻求更高的薪水，他递交了辞职报告。临走时，老板告诉他：不要想着挣太多的钱，要学更多知识；不要心太

高，要把心归零。

这位年轻人虽然离开了那家单位，老板的这句话却一直响在他耳边。因为老板的这句话使他明白了一个重要的道理：为他人工作的同时也在为自己工作。从那以后他再也没有因为薪金和老板的缘故辞去自己的工作。

的确，人生离不开工作。工作不仅能挣钱养家糊口，同时，有难度的工作更能锻炼我们的意志，开发我们的才能。与同事合作，能培养我们的团队精神，与客户交流能训练我们的品性。不管做何种工作，都应该将心态归零，抱着学习的态度，将每次任务视为一个新的开始、一次通往成功的机会。因此，从某种意义上来说，工作是为了自己。

奎尔是一家汽车修理厂的修理工，从进厂的第一天起，他就开始不停地发牢骚，什么“修理这活太脏了，瞧瞧我身上弄得”，什么“真累呀，我简直讨厌死这份工作了”……每天，奎尔都是在抱怨和不满的情绪中度过。他认为自己在受煎熬，在像奴隶一样卖苦力。因此，奎尔每时每刻都窥视着师傅的眼神与行动，一有空隙，他就偷懒耍滑，总是应付手中的工作。

转眼几年过去了，当时与奎尔一同进厂的三名员工，各自凭着自己精湛的手艺，或另谋高就，或被公司送入大学进修了，独有奎尔，仍旧在抱怨声中做他的修理工。

相信很多人有过和奎尔类似的经历，所以，在你面临和奎尔一样的后果之前，当你开始推诿责任、丧失工作激情、对工作产生怨恨的时候，请暂时放下手中的工作，静静想一下这个简单而又深刻的问题：你在为谁工作？

薪水只是对你工作的一种报偿方式，老板只是发给你薪水的人，而你，要为自己而工作。

对工作心怀感激

一位心理学家在一项研究中，为了实地了解人们对于同一个工作在心理上所反映出来的个体差异，来到一所正在建筑中的大教堂，对现场忙碌的敲石工人进行访问。

心理学家问他遇到的第一位工人："请问您在做什么？"

工人没好气地回答："在做什么，你没看到吗？我正在用这个重得要命的铁锤，来敲碎这些该死的石头。而这些石头又特别硬，害得我的手酸麻不已，这真不是人干的活儿。"

心理学家又找到第二位工人："请问您在做什么？"

第二位工人无奈地答道："为了每天 100 美元的工资，我才会做这件工作，若不是为了一家人的温饱，谁愿意干这份敲石头的粗活儿？"

心理学家问第三位工人："请问您在做什么？"

第三位工人眼中闪烁着喜悦的光芒："我正参与兴建这座雄伟华丽的大教堂。落成之后，这里会有许多人来做礼拜。虽然敲石头的工作并不轻松，但当我想到将来会有无数的人来到这里，在这里接受上帝的爱，心中就会激动不已，也就不感到劳累了。"

同样的工作，同样的环境，却有如此截然不同的感受。

第一种工人，是完全无可救药的人。可以设想，在不久的将来，他可能不会得到任何工作的眷顾，甚至可能是生活的弃儿。因为他对自己的工作没有任何热情，甚至没有找到一个将其做好的理由，这样的人做不成任何事情。

第二种工人，是没有责任感和荣誉感的人。对他们抱有任何指望肯定是徒劳的，因为他们报着为薪水而工作的态度，为了工作而工作。他们不是企业可信赖、可委以重任的员工，必定得不到升迁和加薪的机会。而且由于他们的生活需求没有得到最大程度的满足，或多或少地，他们失去了部分的生活乐趣。

第三种工人，是具有高度责任感和创造力的人。在他们身上，看不到丝毫抱怨和不耐烦，相反，他们充分享受着工作的乐趣和荣誉，同时，因为他们的努力，工作也带给了他们足够的尊严和实现自我的满足感。他们不仅真正体会到了工作的乐趣、生命的乐趣，而且他们也是最优秀的员工，也是社会最需要的人。

工作是什么？翻开各国的权威字典，我们可以发现，他们的解释如出一辙：工作是上帝安排的任务；工作是上天赋予的使命。这种解释虽然带有太多的宗教色彩，然而它们却传达出了一个共同的思想：没有机会工作或不能从工作中享受到乐趣的人，就是违背上帝意愿的人，他们不能完整地享受到生命的乐趣。

所以，我们应该感激工作，因为工作为我们提供了一个施展自己能力的舞台。我们寒窗苦读来的知识，我们的应变力，我们的决断力，我们的适应力，以及我们的协调力，都将在这样的一个舞台上得到展示。除了工作，没有哪项活动能提供如此高度的充实自我、表达自我的机会，并赋予我们如此强的个人使命感和一种活着的理由。

因此，美国前教育部部长、著名教育家威廉·贝内特说："工作是我们要用生命去做的事。"让我们像第三种工人那样，为拥有一个工作机会而心怀感激，为生命的尊严和人生的幸福而努力工作吧！

工作质量往往决定生活质量。一个人所做的工作是他人生态度的表现，是他志向的表示、理想的所在。所以，千万不要视工作如鸡肋，食之无味，弃之可惜，那样你也就放弃了自己的理想。

我们不是为老板工作，也不是为薪水工作，而是为自己工作，为了在工作中体现自我价值，在工作中找到快乐，在工作中不断提高自己，才会有一份自豪感、成就感。